# Bag de lækreste kager

Lær at mestre bagning med denne omfattende kogebog fyldt med mundvandsfremkaldende kageopskrifter

Emilie Jensen

# Indeks

Bayersk rugbrød .................................................................... 11
Lyst rugbrød .......................................................................... 13
Rugbrød med hvedekim ....................................................... 14
Sally Luna ............................................................................. 15
Samos brød .......................................................................... 16
sesambaps ........................................................................... 17
surdejsstarter ...................................................................... 17
sodavandsbrød .................................................................... 19
surdejsbrød .......................................................................... 20
surdejsbrød .......................................................................... 21
wienerbrød .......................................................................... 22
Fuldkornsbrød ..................................................................... 23
Fuldkornsbrød ..................................................................... 24
hurtige fuldkornsruller ....................................................... 25
Fuldkornsbrød med nødder ................................................ 26
mandel fletning ................................................................... 27
Briocher ............................................................................... 29
flettet brioche ..................................................................... 30
æbleboller ........................................................................... 31
Tofu og nøddebrioche ........................................................ 33
Chelsea Boller ..................................................................... 35
Kaffeboller ........................................................................... 37
Crème Fraîche brød ............................................................ 38

Croissanter ............................................................................................................ 38

Fuldkorns-sultana-croissanter ............................................................................. 41

skov runder ........................................................................................................... 43

Nutty Twist ............................................................................................................ 44

orange boller ........................................................................................................ 46

smerte chokolade ................................................................................................. 48

pandolce ............................................................................................................... 50

Panettone .............................................................................................................. 52

Æble- og dadelbrød .............................................................................................. 54

Æble og Sultana brød ........................................................................................... 55

Overraskelser med æble og kanel ........................................................................ 57

Abrikos te brød ..................................................................................................... 59

Abrikos og appelsinbrød ....................................................................................... 60

Abrikos- og valnøddebrød .................................................................................... 61

efterårskrans ......................................................................................................... 62

stykke banan ......................................................................................................... 64

Fuldkorns bananbrød ............................................................................................ 65

Banan og nøddebrød ............................................................................................. 66

Bara Brith .............................................................................................................. 67

badeboller ............................................................................................................. 69

Kirsebær og honningkage ..................................................................................... 71

Kanel og muskat ruller .......................................................................................... 72

tranebærbrød ........................................................................................................ 74

Daddel og Smørkage ............................................................................................. 75

Daddel og bananbrød ........................................................................................... 77

Dadler og appelsinbrød ........................................................................................ 78

Daddel og valnøddebrød ...................................................................................... 79

dadelbrød ............................................................................................. 80

dadler og nødder ................................................................................ 81

figenbrød ............................................................................................. 82

Figen og Marsala Brød ........................................................................ 83

Honning og figenruller ....................................................................... 84

Hot Cross boller .................................................................................. 86

Lincolnshire blommebrød .................................................................. 88

London Boller ..................................................................................... 89

Irsk landbrød ....................................................................................... 91

maltbrød .............................................................................................. 92

Bran Malt Loaf .................................................................................... 93

Fuldt maltbrød .................................................................................... 94

Fredas nøddebrød .............................................................................. 95

Paranødder og dadelbrød .................................................................. 97

Panastan frugtbrød ............................................................................ 99

Græskarbrød ..................................................................................... 101

rosinbrød ........................................................................................... 102

Rosin iblødsætning ........................................................................... 103

Rabarber og dadelbrød .................................................................... 104

Risbrød ............................................................................................... 105

Risbrød og nøddete .......................................................................... 106

Krøllet sukkerbolle ........................................................................... 108

Selkirk Bannock ................................................................................ 110

Sultana og johannesbrød ................................................................. 111

Sultana og appelsinbrød .................................................................. 112

Sultana og sherrybrød ..................................................................... 114

Country House tebrød ..................................................................... 115

Havregryn og Rosin Cookies ............................................................... 117

Krydrede havrekiks ............................................................................ 118

hele havrekager ................................................................................. 119

Orange småkager .............................................................................. 120

Appelsin- og citronkiks ...................................................................... 121

Appelsin og nødde cookies ................................................................ 122

Appelsin og chokoladekiks ................................................................ 123

Krydrede appelsinkiks ....................................................................... 124

Jordnøddesmør cookies .................................................................... 125

Jordnøddesmør og chokolade hvirvler .............................................. 126

Havre jordnøddesmør cookies ........................................................... 127

Kokoshonning Peanut Butter Cookies ............................................... 128

pekannøddekager ............................................................................. 129

pinwheel cookies .............................................................................. 130

Hurtige kærnemælkskiks .................................................................. 131

rosin cookies .................................................................................... 132

Kiks med bløde rosiner ..................................................................... 133

Skiver af rosiner og melasse ............................................................. 133

Ratafia kiks ....................................................................................... 135

Ris og myslikiks ................................................................................ 136

Romany cremer ................................................................................ 137

sandkager ......................................................................................... 138

cremefraiche cookies ....................................................................... 139

brun farin cookies ............................................................................ 140

Sukker og muskatnød cookies .......................................................... 141

smuldrende tør kage ........................................................................ 142

jule cupcake ..................................................................................... 143

Honning Cookie .................................................................................. 144

Citronkage ........................................................................................ 145

Hakkekød Sandkage ......................................................................... 146

valnøddesmåkage ............................................................................. 147

orange sandkage .............................................................................. 148

Rich Man Butter Cookie ................................................................... 149

fuld havre sandkage ........................................................................ 150

mandel hvirvler ................................................................................ 151

Chokolademarengskage .................................................................. 152

Biscuit mennesker ............................................................................ 153

Iced honningkage kage .................................................................... 154

shrewsbury kiks ................................................................................ 155

Kiks med spanske krydderier .......................................................... 156

Gammeldags krydderikiks ............................................................... 157

melasse cookies ............................................................................... 158

Melasse, abrikos og valnøddekager ............................................... 159

Melasse og kærnemælkskager ....................................................... 160

Melasse og kaffekiks ........................................................................ 161

Melasse og daddelkager ................................................................. 162

Honning og ingefær cookies ........................................................... 163

vanilje cookies .................................................................................. 164

nøddekager ...................................................................................... 165

sprøde småkager ............................................................................. 166

cheddar cookies ............................................................................... 167

Blåskimmelostkiks ............................................................................ 168

Ost og sesamkiks ............................................................................. 169

ostestænger ..................................................................................... 170

Ost og tomatkiks ............................................................................ 171

gedeostbid .................................................................................. 172

Skinke- og sennepsruller ............................................................ 173

Skinke- og peberkiks .................................................................. 174

Simple urtekiks ........................................................................... 175

indiske cookies ........................................................................... 176

Kage med hasselnød og skalotteløg ........................................... 177

Laks og dildkiks .......................................................................... 178

sodavand cookies ....................................................................... 179

Tomat og parmesan nålehjul ...................................................... 180

Tomat- og urtekiks ..................................................................... 181

Grundlæggende hvidt brød ........................................................ 182

Donut .......................................................................................... 183

baps ............................................................................................ 183

Cremet bygbrød ......................................................................... 185

øllebrød ...................................................................................... 186

boston brunt brød ...................................................................... 187

klidkar ........................................................................................ 188

smøragtige ruller ........................................................................ 190

Kærnemælksbrød ....................................................................... 191

canadisk majsbrød ..................................................................... 192

cornish ruller .............................................................................. 193

fladbrød ...................................................................................... 194

Landvalmuefrø fletning .............................................................. 196

Landligt fuldkornsbrød .............................................................. 197

karry fletninger .......................................................................... 198

devon deler sig ........................................................................... 200

Frugtfuldt hvedekimsbrød ................................................................. 201

Frugtige mælkefletter ...................................................................... 202

kornkammerbrød ............................................................................. 204

kornmagasin ruller .......................................................................... 205

Kornkammerbrød med hasselnødder ............................................. 206

grissini ............................................................................................ 207

Høst fletning ................................................................................... 208

Mælkebrød ...................................................................................... 210

Mælkefrugtbrød ............................................................................... 211

morgenfrue brød ............................................................................. 212

muffinsbrød ..................................................................................... 212

brød uden hævning ........................................................................ 214

pizzadej .......................................................................................... 215

havrekolbe ...................................................................................... 216

havreklid ......................................................................................... 217

rugbrød ........................................................................................... 218

hurtigt fuldkornsbrød ...................................................................... 219

Vådt risbrød .................................................................................... 220

# Bayersk rugbrød

Giver to 450 g / 1 lb brød

Til gæren:

150 g / 5 oz / 1¼ kopper rugmel

5 ml / 1 tsk tørgær

150 ml / ¼ pt / 2/3 kop varmt vand

Til brødet:

550 g / 1¼ lb / 5 kopper fuldkornshvedemel (fuld hvede)

50 g / 2 oz / ½ kop rugmel

5 ml / 1 tsk salt

25 g / 1 oz frisk gær eller 40 ml / 2½ spsk tørgær

350 ml / 12 fl oz / 1½ kop varmt vand

30 ml / 2 spsk spidskommen frø

Lidt mel blandet til en pasta med vand


For at lave gæren blandes rugmel, gær og vand, indtil det er bleg. Dæk til og lad det stå natten over.

For at lave brødet blandes mel og salt. Bland gæren med det varme vand og tilsæt melet med gæren. Tilsæt halvdelen af spidskommen og bland indtil det danner en dej. Ælt godt, indtil det er elastisk og ikke længere klistret. Læg i en oliesmurt skål, dæk med olieret plastfolie (plastfolie) og lad stå et lunt sted i ca. 30 minutter, indtil den er dobbelt så stor.

Ælt igen, form to 450 g / 1 lb brød og læg dem på en smurt (kiks) bageplade. Pensl med mel og vandpasta og drys med de resterende spidskommen. Dæk til med olieret plastfolie og lad hæve i 30 minutter.

Bag i en forvarmet ovn ved 230 °C / 450 °F / gasmærke 8 i 30 minutter, indtil den er mørkebrun og lyder hul, når du banker på bunden.

# Lyst rugbrød

Giver et brød på 675 g / 1½ lb

15 g / ½ oz frisk gær eller 20 ml / 4 tsk tørgær

5 ml / 1 tsk rørsukker (superfint)

150 ml / ¼ pt / 2/3 kop varmt vand

225 g / 8 oz / 2 kopper rugmel

400 g / 14 oz / 3½ kopper almindeligt stærkt mel (brød)

10 ml / 2 tsk salt

300 ml / ½ pt / 1¼ kopper varm mælk

1 pisket æggeblomme

5 ml / 1 tsk valmuefrø

Pisk gæren med sukker og vand og lad den stå et lunt sted, indtil der dannes skum. Bland melet med saltet og lav et hul i midten. Tilsæt mælk og gær og bland indtil du får en fast dej. Ælt på en let meldrysset overflade, indtil den er glat og elastisk. Læg i en oliesmurt skål, dæk med olieret plastfolie (plastfolie) og lad stå et lunt sted i ca. 1 time, indtil den er dobbelt så stor.

Ælt let igen, form derefter et langt brød og læg på en smurt (kiks) bageplade. Dæk til med olieret plastfolie og lad hæve i 30 minutter.

Pensl med æggeblomme og drys med valmuefrø. Bages i en forvarmet ovn ved 200°C/400°F/gasmærke 6 i 20 minutter. Reducer ovntemperaturen til 190 °C / 375 °F / gasmærke 5 og bag i yderligere 15 minutter, indtil brødet er hult, når du banker på bunden.

# Rugbrød med hvedekim

Giver et brød på 450 g / 1 lb

15 g / ½ oz frisk gær eller 20 ml / 4 tsk tørgær

5 ml / 1 tsk sukker

450 ml / ¾ pt / 2 kopper varmt vand

350 g / 12 oz / 3 kopper rugmel

225 g / 8 oz / 2 kopper almindeligt mel (all-purpose)

50 g / 2 oz / ½ kop hvedekim

10 ml / 2 tsk salt

45 ml / 3 spsk blackstrap melasse (melasse)

15 ml / 1 spsk olie

Pisk gæren sammen med sukkeret og lidt varmt vand og lad det stå et lunt sted, indtil der dannes skum. Bland mel, hvedekim og salt og lav en brønd i midten. Bland gærblandingen med melasse og olie og bland indtil du har en jævn dej. Overfør til en meldrysset overflade og ælt i 10 minutter, indtil den er glat og elastisk, eller forarbejd i en foodprocessor. Læg i en oliesmurt skål, dæk med olieret plastfolie (plastfolie) og lad stå et lunt sted i ca. 1 time, indtil den er dobbelt så stor.

Ælt igen, form til et brød og læg på en smurt (kiks) bageplade. Dæk med olieret plastfolie og lad hæve til dobbelt størrelse.

Bages i en forvarmet ovn ved 220°C/425°F/gasmærke 7 i 15 minutter. Reducer ovntemperaturen til 190°C / 375°F / gasmærke 5 og bag i yderligere 40 minutter, indtil brødet lyder hult, når der bankes på bunden.

# Sally Luna

Giver to 450 g / 1 lb brød

500 ml / 16 fl oz / 2 kopper mælk

25 g / 1 oz / 2 spsk smør eller margarine

30 ml / 2 spsk strøsukker (superfint)

10 ml / 2 tsk salt

20 ml / 4 tsk tørgær

60 ml / 4 spsk varmt vand

900 g / 2 lb / 8 kopper almindeligt stærkt mel (brød)

3 sammenpisket æg

Bring mælken næsten i kog, og tilsæt derefter smør eller margarine, sukker og salt og rør godt. Lad afkøle til det er lunkent. Opløs gæren i varmt vand. Kom melet i en stor skål og bland med mælk, gær og æg. Bland til du har en jævn dej og ælt til den er elastisk og ikke længere klistret. Dæk til med olieret plastfolie (plastfolie) og lad hæve i 30 minutter.

Ælt dejen igen, dæk til og lad hæve. Ælt en tredje gang, dæk til og lad hæve.

Form dejen og læg dem i to 450 g/1 lb smurte brødforme (bageforme). Dæk til og lad hæve indtil fordoblet i volumen. Bag i en forvarmet ovn ved 190°C / 375°F / gasmærke 5 i 45 minutter, indtil de er gyldenbrune på toppen, og bollerne er hule, når de bankes ind i bunden.

# Samos brød

Gør tre 450 g / 1 lb brød

15 g / ½ oz frisk gær eller 20 ml / 4 tsk tørgær

15 ml / 1 spsk maltekstrakt

600 ml / 1 pt / 2½ kopper varmt vand

25 g / 1 oz / 2 spsk vegetabilsk shortening (afkortning)

900 g / 2 lb / 8 kopper fuldkornshvedemel (fuld hvede)

30 ml / 2 spsk mælkepulver (skummetmælkspulver)

10 ml / 2 tsk salt

15 ml / 1 spsk klar honning

50 g / 2 oz / ½ kop sesamfrø, ristede

25 g / 1 oz / ¼ kop solsikkefrø, ristede

Pisk gæren sammen med maltekstrakten og lidt af det varme vand og lad det stå et lunt sted i 10 minutter til det er skummende. Dyp fedtet i mel og mælkepulver, tilsæt salt og lav et hul i midten. Hæld gærblandingen, resten af det varme vand og honningen i og bland indtil en dej. Ælt godt til det er glat og elastisk. Tilsæt frøene og ælt i yderligere 5 minutter, indtil det er godt blandet. Form til tre 450 g / 1 lb brød og læg dem på en smurt (kiks) bageplade. Dæk til med olieret plastfolie (plastfolie) og lad stå et lunt sted i 40 minutter, indtil det er dobbelt så stort.

Bag i en forvarmet ovn ved 230 °F / 450 °F / gasmærke 8 i 30 minutter, indtil de er gyldenbrune og lyder hule, når du banker på bunden.

## sesambaps

12 år siden

25 g / 1 oz frisk gær eller 40 ml / 2½ spsk tørgær

5 ml / 1 tsk rørsukker (superfint)

150 ml / ¼ pt / 2/3 kop varm mælk

450 g / 1 lb / 4 kopper almindeligt stærkt mel (brød)

5 ml / 1 tsk salt

25 g / 1 oz / 2 spsk spæk (afkortning)

150 ml / ¼ pt / 2/3 kop varmt vand

30 ml / 2 spsk sesamfrø

Pisk gæren sammen med sukkeret og lidt varm mælk og lad det stå et lunt sted til det er skummende. Bland mel og salt i en skål, dyp i svinefedtet og lav et hul i midten. Hæld gærblandingen, den resterende mælk og vand i og bland til en jævn masse. Overfør til en meldrysset overflade og ælt i 10 minutter, indtil den er glat og elastisk, eller forarbejd i en foodprocessor. Læg i en oliesmurt skål, dæk med olieret plastfolie (plastfolie) og lad stå et lunt sted i ca. 1 time, indtil den er dobbelt så stor.

Ælt igen og form til 12 ruller, flad let og anret på en smurt (kiks) bageplade. Dæk til med olieret plastfolie (plastfolie) og lad hæve et lunt sted i 20 minutter.

Pensl med vand, drys med frø og bag i en forvarmet ovn ved 220°C / 425°F / gasmærke 7 i 15 minutter, indtil de er gyldenbrune.

## surdejsstarter

Gør omkring 450 g / 1 lb

450 ml / ¾ pt / 2 kopper varmt vand

25 g / 1 oz frisk gær eller 40 ml / 2½ spsk tørgær

225 g / 8 oz / 2 kopper almindeligt mel (all-purpose)

2,5 ml / ½ tsk salt

At fodre:

225 g / 8 oz / 2 kopper almindeligt mel (all-purpose)

450 ml / ¾ pt / 2 kopper varmt vand

Bland hovedingredienserne i en skål, dæk med muslin (bomuldsklud) og lad stå et lunt sted i 24 timer. Tilsæt 50 g / 2 oz / ½ kop almindeligt mel og 120 ml / 4 fl oz / ½ kop varmt vand, dæk til og lad stå i yderligere 24 timer. Gentag tre gange, indtil det øjeblik, hvor blandingen skal lugte surt, og overfør derefter til køleskabet. Udskift enhver starter du bruger med en lige blanding af varmt vand og mel.

# sodavandsbrød

Giver et 20 cm / 8 brød

450 g / 1 lb / 4 kopper almindeligt mel (all-purpose)

10 ml / 2 tsk natron (bagepulver)

10 ml / 2 tsk fløde tatar

5 ml / 1 tsk salt

25 g / 1 oz / 2 spsk spæk (afkortning)

5 ml / 1 tsk rørsukker (superfint)

15 ml / 1 spsk citronsaft

300 ml / ½ pt / 1¼ kopper mælk

Bland mel, natron, fløde af vinsten og salt. Gnid svinefedtet, indtil blandingen ligner brødkrummer. Tilsæt sukkeret. Pisk citronsaften ud i mælken og rør i de tørre ingredienser, indtil du får en jævn dej. Ælt let, form derefter dejen til en 20 cm / 8 rund form og flad den lidt ud. Læg dem på en meldrysset bageplade og skær dem i kvarte med et knivblad. Bages i en forvarmet ovn ved 200°C/400°F/gasmærke 6 i ca. 30 minutter, indtil den er sprød på toppen. Lad afkøle inden servering.

## surdejsbrød

Giver to 350 g / 12 oz brød

250 ml / 8 fl oz / 1 kop varmt vand

15 ml / 1 spsk strøsukker (superfint)

30 ml / 2 spsk smeltet smør eller margarine

15 ml / 1 spsk salt

250 ml / 8 fl oz / 1 kop surdejsstarter

2,5 ml / ½ tsk natron (bagepulver)

450 g / 1 lb / 4 kopper almindeligt mel (all-purpose)

Bland vand, sukker, smør eller margarine og salt. Bland gærstarteren med natron og tilsæt blandingen, pisk derefter melet i, så det bliver en stiv dej. Ælt dejen, til den er glat og satinagtig, tilsæt eventuelt lidt mere mel. Læg i en oliesmurt skål, dæk med olieret plastfolie (plastfolie) og lad stå et lunt sted i ca. 1 time, indtil den er dobbelt så stor.

Ælt let igen og form til to brød. Læg dem på en bageplade med olie, dæk med olieret plastfolie og lad hæve i cirka 40 minutter, indtil den er dobbelt så stor.

Bag i en forvarmet ovn ved 190°C / 375°F / gasmærke 5 i ca. 40 minutter, indtil den er gyldenbrun og lyder hul, når du banker på bunden.

# surdejsbrød

12 år siden

50 g / 2 oz / ¼ kop smør eller margarine

175 g / 6 oz / 1½ kop almindeligt mel (all-purpose)

5 ml / 1 tsk salt

2,5 ml / ½ tsk natron (bagepulver)

250 ml / 8 fl oz / 1 kop surdejsstarter

Lidt smeltet smør eller margarine til glasur

Gnid smør eller margarine ind i mel og salt, indtil blandingen ligner brødkrummer. Bland bagepulver i starteren og rør det i melet til en stiv dej. Ælt indtil glat og ikke længere klistret. Form til små ruller og anret dem godt fra hinanden på en smurt (kiks) bageplade. Pensl enderne med smør eller margarine, dæk til med olieret plastfolie (plastfolie) og lad hæve i ca. 1 time, indtil den er dobbelt så stor. Bages i en forvarmet ovn ved 220°C/425°F/gasmærke 8 i 15 minutter, indtil de er gyldenbrune.

# wienerbrød

Giver et brød på 675 g / 1½ lb

15 g / ½ oz frisk gær eller 20 ml / 4 tsk tørgær

5 ml / 1 tsk rørsukker (superfint)

300 ml / ½ pt / 1¼ kopper varm mælk

40 g / 1½ oz / 3 spsk smør eller margarine

450 g / 1 lb / 4 kopper almindeligt stærkt mel (brød)

5 ml / 1 tsk salt

1 æg godt pisket

Pisk gæren sammen med sukkeret og lidt varm mælk og lad det stå et lunt sted til det er skummende. Smelt smør eller margarine og tilsæt den resterende mælk. Bland gærblanding, smørblanding, mel, salt og æg til en blød dej. Ælt indtil glat og ikke længere klistret. Læg i en oliesmurt skål, dæk med olieret plastfolie (plastfolie) og lad stå et lunt sted i ca. 1 time, indtil den er dobbelt så stor.

Ælt dejen igen, form den til et brød og læg den på en smurt bageplade (kiks). Dæk til med olieret plastfolie og lad hæve et lunt sted i 20 minutter.

Bag i en forvarmet ovn ved 230°C / 450°F / gasmærke 8 i 25 minutter, indtil den er gyldenbrun og lyder hul, når du banker på bunden.

# Fuldkornsbrød

Giver to 450 g / 1 lb brød

15 g / ½ oz frisk gær eller 20 ml / 4 tsk tørgær

5 ml / 1 tsk sukker

300 ml / ½ pt / 1¼ kopper varmt vand

550 g / 1¼ lb / 5 kopper fuldkornshvedemel (fuld hvede)

5 ml / 1 tsk salt

45 ml / 3 spsk kærnemælk

Sesam- eller spidskommen til drys (valgfrit)

Pisk gæren sammen med sukkeret og lidt varmt vand og lad det stå et lunt sted i 20 minutter, indtil der dannes skum. Kom mel og salt i en skål og lav et hul i midten. Rør gær, resterende vand og kærnemælk i. Arbejd indtil du har en fast dej, der kommer rent fra siderne af skålen, tilsæt lidt mere mel eller vand, hvis det er nødvendigt. Ælt på en let meldrysset overflade eller i en foodprocessor, indtil den er elastisk og ikke længere klistret. Form dejen til to smurte 450 g/1 lb brødforme (bageforme), dæk med olieret plastfolie (plastfolie) og lad hæve i ca. 45 minutter, indtil dejen hæver lige over toppen af formene.

Drys med sesam- eller spidskommen, hvis du bruger. Bag i en forvarmet ovn ved 230°C/450°F/gasmærke 8 i 15 minutter, reducer derefter ovntemperaturen til 190°C/375°F/gasmærke 5 og bag i yderligere 25 minutter, indtil brun gylden og hul - hørbar når der bankes på basen.

# *Fuldkornsbrød*

Giver et brød på 900 g / 2 lb

15 g / ½ oz frisk gær eller 20 ml / 4 tsk tørgær

450 ml / ¾ pt / 2 kopper varmt vand

Sæt med 45 ml / 3 spiseskefulde honning

50 g / 2 oz / ¼ kop smør eller margarine

750 g / 1½ lb / 6 kopper fuldkornshvedemel (fuld hvede)

2,5 ml / ½ tsk salt

15 ml / 1 spsk sesamfrø

Pisk gæren med lidt af vandet og lidt af honningen og lad det stå et lunt sted i 20 minutter, indtil der dannes skum. Dyp smørret eller margarinen i melet og saltet, og bland derefter gærblandingen med resten af vandet og honningen, indtil du får en blød dej. Ælt indtil elastisk og ikke længere klistret. Læg i en oliesmurt skål, dæk med olieret plastfolie (plastfolie) og lad stå et lunt sted i ca. 1 time, indtil den er dobbelt så stor.

Ælt igen og form til en smurt 900 g kageform (bradepande). Dæk til med olieret plastfolie og lad hæve i 20 minutter, indtil dejen kommer ud af toppen af formen.

Bages i en forvarmet ovn ved 220°C/425°F/gasmærke 7 i 15 minutter. Reducer ovntemperaturen til 190°C / 375°F / gas 5 og bag i yderligere 20 minutter, indtil brødet er gyldenbrunt og hult, når det bankes ind i bunden.

# *hurtige fuldkornsruller*

12 år siden

20 ml / 4 tsk tørgær

375 ml / 13 fl oz / 1½ kopper varmt vand

50 g / 2 oz / ¼ kop blødt brun farin

100 g / 4 oz / 1 kop fuldkornsmel (fuld hvede)

100 g / 4 oz / 1 kop almindeligt mel (all-purpose)

5 ml / 1 tsk salt

Pisk gæren sammen med vandet og lidt sukker og lad det stå et lunt sted, indtil der dannes skum. Tilsæt mel og salt med det resterende sukker og pisk indtil du får en blød dej. Hæld dejen i muffinsforme og lad hæve i 20 minutter til dejen hæver til toppen af formene.

Bages i en forvarmet ovn ved 180°C / 350°F / gasmærke 4 i 30 minutter, indtil de er gennemhævet og gyldenbrune.

# *Fuldkornsbrød med nødder*

Giver et brød på 900 g / 2 lb

15 g / ½ oz frisk gær eller 20 ml / 4 tsk tørgær

5 ml / 1 tsk blødt brun farin

450 ml / ¾ pt / 2 kopper varmt vand

450 g / 1 lb / 4 kopper fuldkornshvedemel (fuld hvede)

175 g / 6 oz / 1½ kop almindeligt stærkt mel (brød)

5 ml / 1 tsk salt

15ml / 1 spsk valnøddeolie

100 g / 4 oz / 1 kop valnødder, groft hakket

Pisk gæren sammen med sukkeret og lidt varmt vand og lad det stå et lunt sted i 20 minutter, indtil der dannes skum. Bland mel og salt i en skål, tilsæt gærblanding, olie og resten af det varme vand og bland indtil du får en fast dej. Ælt indtil glat og ikke længere klistret. Læg i en oliesmurt skål, dæk med olieret plastfolie (plastfolie) og lad stå et lunt sted i ca. 1 time, indtil den er dobbelt så stor.

Knus og mos valnødderne let, form dem til en smurt 900 g bradepande (bradepande), dæk med oliebehandlet plastfolie og lad det stå et lunt sted i 30 minutter, indtil dejen samles. Hæv op over toppen af formen .

Bag i en forvarmet ovn ved 220°C / 425°F / gasmærke 7 i 30 minutter, indtil den er gyldenbrun og lyder hul, når du banker på bunden.

# *mandelfletning*

Giver et brød på 450 g / 1 lb

15 g / ½ oz frisk gær eller 20 ml / 4 tsk tørgær

40 g / 1½ oz / 3 spsk strøsukker (superfint)

100 ml / 3½ fl oz / 6½ spsk varm mælk

350 g / 12 oz / 3 kopper almindeligt stærkt mel (brød)

2,5 ml / ½ tsk salt

50 g / 2 oz / ¼ kop smeltet smør eller margarine

1 æg

Til fyldstof og glasur:

50 g / 2 oz mandelmasse

45 ml / 3 spsk abrikosmarmelade (konserver)

50 g / 2 oz / 1/3 kop rosiner

50 g / 2 oz / ½ kop hakkede mandler

1 æggeblomme

Pisk gæren med 5 ml / 1 tsk af sukkeret og lidt af mælken og lad den stå et lunt sted i 20 minutter, indtil den er skummende. Bland mel og salt i en skål og lav en brønd i midten. Bland gærblandingen, det resterende sukker og mælk, det smeltede smør eller margarine og ægget i og bland, indtil du har en jævn dej. Ælt indtil elastisk og ikke længere klistret. Læg i en oliesmurt skål, dæk med olieret plastfolie (plastfolie) og lad stå et lunt sted i ca. 1 time, indtil den er dobbelt så stor.

Rul dejen ud på en let meldrysset overflade til et rektangel på 30 x 40 cm / 12 x 16. Bland fyldingredienser undtagen æggeblomme og arbejd til den er glat, rul derefter en midterste tredjedel af dejen ud. Skær snit i de yderste to tredjedele af dejen fra kanterne i en vinkel mod fyldet med ca. ¾/2 cm mellemrum. Fold skiftevis venstre og højre strimler over fyldningen og forsegl enderne sikkert. Læg den på en smurt bageplade (kiks), dæk til og lad den stå et lunt sted i 30 minutter, indtil den er dobbelt så stor. Pensl med æggeblomme og bag i en forvarmet ovn ved 190°C / 375°F / gasmærke 5 i 30 minutter, indtil de er gyldenbrune.

# *Briocher*

12 år siden

15 g / ½ oz frisk gær eller 20 ml / 4 tsk tørgær

30 ml / 2 spsk varmt vand

2 æg, let pisket

225 g / 8 oz / 2 kopper almindeligt stærkt mel (brød)

15 ml / 1 spsk strøsukker (superfint)

2,5 ml / ½ tsk salt

50 g / 2 oz / ¼ kop smeltet smør eller margarine

Bland gær, vand og æg, tilsæt derefter mel, sukker, salt og smør eller margarine og bland indtil du får en blød dej. Ælt indtil elastisk og ikke længere klistret. Læg det i en oliesmurt skål, dæk til og lad det stå et lunt sted i ca. 1 time, indtil det er dobbelt så stort.

Ælt igen, del i 12 stykker og knæk en kugle fra hvert stykke. Form de større stykker til kugler og læg dem i 7,5 cm / 3 riflede brioche- eller muffinsforme. Tryk en finger gennem dejen, og tryk derefter de resterende dejkugler på toppen. Dæk til og lad stå et lunt sted i cirka 30 minutter, indtil dejen når toppen af formene.

Bages i en forvarmet ovn ved 230°C/450°F/gasmærke 8 i 10 minutter, indtil de er gyldenbrune.

# flettet brioche

Giver et brød på 675 g / 1½ lb

25 g / 1 oz frisk gær eller 40 ml / 2½ spsk tørgær

5 ml / 1 tsk rørsukker (superfint)

250 ml / 8 fl oz / 1 kop varm mælk

675 g / 1½ lb / 6 kopper almindeligt stærkt mel (brød)

5 ml / 1 tsk salt

1 sammenpisket æg

150 ml / ¼ pt / 2/3 kop varmt vand

1 æggeblomme

Pisk gæren sammen med sukkeret og lidt varm mælk og lad det stå et lunt sted i 20 minutter, indtil det er skummende. Bland melet med saltet og lav en brønd i midten. Tilsæt ægget, gærblandingen, den resterende varme mælk og nok af det varme vand til at danne en blød dej. Ælt indtil glat og ikke længere klistret. Læg i en oliesmurt skål, dæk med olieret plastfolie (plastfolie) og lad stå et lunt sted i ca. 1 time, indtil den er dobbelt så stor.

Ælt dejen let og del den i kvarte. Rul tre stykker til tynde strimler på ca. 38 cm / 15 cm lange. Fugt den ene ende af hver strimmel og pres dem sammen, flet derefter strimlerne, våd og fastgør enderne. Læg på en smurt bageplade. Del det resterende dejstykke i tre, rul ud i 38 cm / 15 cm strimler og flet på samme måde for at lave en tyndere fletning. Pisk blommen med 15 ml / 1 spsk vand og pensl over den store fletning. Tryk forsigtigt den mindre fletning på toppen og pensl med æggeglasuren. Dæk til og lad hæve et lunt sted i 40 minutter.

Bages i en forvarmet ovn ved 200°C/400°F/gasmærke 6 i 45 minutter, indtil den er gyldenbrun og lyder hul, når der bankes på bunden.

# æbleboller

12 år siden

Til masse:

15 g / ½ oz frisk gær eller 10 ml / 2 tsk tørgær

75 ml / 5 spsk varm mælk

100 g / 4 oz / 1 kop fuldkornsmel (fuld hvede)

350 g / 12 oz / 3 kopper almindeligt stærkt mel (brød)

30 ml / 2 spsk klar honning

4 æg

En smule salt

200 g / 7 oz / sparsomt 1 kop smeltet smør eller margarine

Til fyldet:

75 g / 3 oz æblemos (sovs)

25 g / 1 oz / ¼ kop fuldkornsbrødkrummer (fuld hvede)

25 g / 3 oz / ½ kop sultanas (gyldne rosiner)

2,5 ml / ½ tsk kanelpulver

1 sammenpisket æg


For at lave dejen, bland gæren med varm mælk og fuldkornsmel og lad den hæve et lunt sted i 20 minutter. Tilsæt mel, honning, æg og salt og ælt godt. Hæld det smeltede smør eller margarine over og fortsæt med at ælte til dejen er elastisk og glat. Læg i en oliesmurt skål, dæk med olieret plastfolie (plastfolie) og lad stå et lunt sted i ca. 1 time, indtil den er dobbelt så stor.

Bland alle fyldingredienserne undtagen ægget. Form dejen til 12 stykker og fjern en tredjedel af hvert stykke. Form de større stykker, så de passer til briocheforme eller smurte muffinsforme.

Tryk et stort hul næsten i bund med en finger eller håndtaget på en gaffel og fyld med fyld. Form hvert af de mindre stykker dej til en kugle, fugt toppen af dejen og tryk ned på fyldet for at forsegle det i briochen. Dæk til og lad det stå et lunt sted i 40 minutter, indtil det er næsten dobbelt så stort.

Pensl med sammenpisket æg og bag i en forvarmet ovn ved 220 °C / 425 °F / gasmærke 7 i 15 minutter, indtil de er gyldenbrune.

# Tofu og nøddebrioche

12 år siden

## Til masse:

15 g / ½ oz frisk gær eller 20 ml / 4 tsk tørgær

75 ml / 5 spsk varm mælk

100 g / 4 oz / 1 kop fuldkornsmel (fuld hvede)

350 g / 12 oz / 3 kopper almindeligt stærkt mel (brød)

30 ml / 2 tsk klar honning

4 æg

En smule salt

200 g / 7 oz / sparsomt 1 kop smeltet smør eller margarine

## Til fyldet:

50 g / 2 oz / ¼ kop tofu, hakket

25 g / 1 oz / ¼ kop cashewnødder, ristede og hakkede

25 g / 1 ounce hakkede blandede grøntsager

½ hakket løg

1 fed hakket hvidløg

2,5 ml / ½ tsk blandede tørrede urter

2,5 ml / ½ tsk fransk sennep

1 sammenpisket æg

For at lave dejen, bland gæren med varm mælk og fuldkornsmel og lad den hæve et lunt sted i 20 minutter. Tilsæt mel, honning, æg og salt og ælt godt. Hæld det smeltede smør eller margarine over og fortsæt med at ælte til dejen er elastisk og glat. Læg i en oliesmurt skål, dæk med olieret plastfolie (plastfolie) og lad stå et lunt sted i ca. 1 time, indtil den er dobbelt så stor.

Bland alle fyldingredienserne undtagen ægget. Form dejen til 12 stykker og fjern en tredjedel af hvert stykke. Form de større stykker, så de passer til briocheforme eller smurte muffinsforme. Tryk et stort hul næsten i bund med en finger eller håndtaget på en gaffel og fyld med fyld. Form hvert af de mindre stykker dej til en kugle, fugt toppen af dejen og tryk ned på fyldet for at forsegle det i briochen. Dæk til og lad det stå et lunt sted i 40 minutter, indtil det er næsten dobbelt så stort.

Pensl med sammenpisket æg og bag i en forvarmet ovn ved 220 °C / 425 °F / gasmærke 7 i 15 minutter, indtil de er gyldenbrune.

# Chelsea Boller

gør 9

225 g / 8 oz / 2 kopper almindeligt stærkt mel (brød)

5 ml / 1 tsk rørsukker (superfint)

15 g / ½ oz frisk gær eller 20 ml / 4 tsk tørgær

120 ml / 4 fl oz / ½ kop varm mælk

En smule salt

15 g / ½ oz / 1 spsk smør eller margarine

1 sammenpisket æg

Til fyldet:
75 g / 3 oz / ½ kop blandet tørret frugt (frugtkageblanding)

25 g / 1 oz / 3 spsk hakket blandet skræl (kandiseret)

50 g / 2 oz / ¼ kop blødt brun farin

Lidt klar honning til glasering

Bland 50 g / 2 oz / ¼ kop af melet, strøsukkeret, gæren og lidt af mælken og lad det stå et lunt sted i 20 minutter, indtil det er skummende. Bland resten af mel og salt og gnid ind i smør eller margarine. Tilsæt æg, gær og den resterende varme mælk og pisk indtil du får en dej. Ælt indtil elastisk og ikke længere klistret. Læg i en oliesmurt skål, dæk med olieret plastfolie (plastfolie) og lad stå et lunt sted i ca. 1 time, indtil den er dobbelt så stor.

Ælt igen og rul ud til et rektangel, der måler 33 x 23 cm / 13 x 9. Bland alle fyldingredienserne undtagen honningen og fordel ud over dejen. Rul op på den ene langside og forsegl kanten med lidt vand. Skær rullen i ni lige store stykker og læg dem i et let smurt ovnfast fad. Dæk til og lad stå et lunt sted i 30 minutter, indtil den er fordoblet i størrelse.

Bages i en forvarmet ovn ved 190°C/375°F/gasmærke 5 i 25 minutter, indtil de er gyldenbrune. Tag ud af ovnen og pensl med honning og lad køle af.

# Kaffeboller

16 år siden

225 g / 8 oz / 1 kop smør eller margarine

450 g / 1 lb / 4 kopper fuldkornshvedemel (fuld hvede)

20 ml / 4 tsk bagepulver

5 ml / 1 tsk salt

225 g / 8 oz / 1 kop blødt brun farin

2 æg, let pisket

100 g / 4 oz / 2/3 kopper ribs

5 ml / 1 tsk instant kaffepulver

15 ml / 1 spsk varmt vand

75 ml / 5 spsk klar honning

Gnid smør eller margarine ind i mel, bagepulver og salt, indtil blandingen minder om brødkrummer. Tilsæt sukkeret. Pisk æggene til en blød, men ikke klistret dej og bland med ribsene. Opløs kaffepulveret i varmt vand og tilsæt til dejen. Form til 16 flade kugler og læg dem godt fra hinanden på en smurt bageplade. Tryk en finger ind i midten af hver bolle og tilsæt en teskefuld honning. Bages i en forvarmet ovn ved 220°C/425°F/gasmærke 7 i 10 minutter, indtil de er lyse gyldenbrune.

# Crème Fraîche brød

Giver to 450 g / 1 lb brød

25 g / 1 oz frisk gær eller 40 ml / 2½ spsk tørgær

75 g / 3 oz / 1/3 kop blødt brun farin

60 ml / 4 spsk varmt vand

60 ml / 4 spsk creme fraîche, ved stuetemperatur

350 g / 12 oz / 3 kopper almindeligt mel (all-purpose)

5 ml / 1 tsk salt

En knivspids revet muskatnød

3 æg

50 g / 2 oz / ¼ kop smør eller margarine

Lidt mælk og sukker til at glasere

Pisk gæren med 5 ml / 1 tsk sukker og det varme vand og lad det stå et lunt sted i 20 minutter, indtil det er skummende. Bland cremefraichen med gæren. Kom mel, salt og muskatnød i en skål og lav et hul i midten. Bland gærblandingen, æg og smør i og arbejd til du har en blød dej. Ælt indtil glat og elastisk. Læg i en oliesmurt skål, dæk med olieret plastfolie (plastfolie) og lad stå et lunt sted i ca. 1 time, indtil den er dobbelt så stor.

Ælt dejen igen, og form derefter to 450 g/1 lb brødforme (forme). Dæk til og lad stå et lunt sted i 35 minutter, indtil den er fordoblet i størrelse.

Pensl toppen af bollerne med lidt mælk og drys med sukker. Bages i en forvarmet ovn ved 180°C/350°F/gasmærke 4 i 30 minutter. Afkøl i gryden i 10 minutter, og læg derefter på en rist for at afslutte afkølingen.

# Croissanter

12 år siden

25 g / 1 oz / 2 spsk spæk (afkortning)

450 g / 1 lb / 4 kopper almindeligt stærkt mel (brød)

2,5 ml / ½ tsk rørsukker (superfint)

10 ml / 2 tsk salt

25 g / 1 oz frisk gær eller 40 ml / 2½ spsk tørgær

250 ml / 8 fl oz / 1 kop varmt vand

2 æg, let pisket

100 g / 4 oz / ½ kop smør eller margarine, skåret i tern

Gnid spæket ind i mel, sukker og salt, indtil blandingen ligner brødkrummer, og lav derefter en fordybning i midten. Bland gæren med vandet og tilsæt melet med et af æggene. Arbejd blandingen, indtil du har en glat dej, der kommer rent fra siderne af skålen. Vend ud på en let meldrysset overflade og ælt indtil glat og ikke længere klistret. Rul dejen ud til du får en strimmel på 20 x 50 cm. Prik de øverste to tredjedele af dejen med en tredjedel af smørret eller margarinen, og efterlad et lille hul rundt om kanten. Fold den smurte del af dejen over den næste tredjedel, og fold derefter den øverste tredjedel over den. Tryk på kanterne for at forsegle og giv dejen en kvart omgang, så den foldede kant er på din venstre side. Gentag processen med den næste tredjedel af smørret eller margarinen, fold og gentag en gang mere, så du har brugt alt fedtet. Læg den foldede dej i en oliesmurt polyethylenpose og stil den på køl i 30 minutter.

Rul, fold og vend dejen tre gange mere uden at tilsætte mere fedt. Kom tilbage i posen og stil på køl i 30 minutter.

Rul dejen til et 40 x 38 cm / 16 x 15 rektangel, klip kanterne til og skær i 12 15 cm / 6 trekanter. Pensl trekanterne med lidt sammenpisket æg og rul dem op fra bunden, buer dem til halvmåneforme og læg dem godt fra hinanden på en smurt (kiks) bageplade. Pensl enderne med æg, dæk til og lad dem stå et lunt sted i cirka 30 minutter.

Pensl toppen med æg igen og bag i forvarmet 230°C/425°F/gasovn, markér 7 i 15-20 minutter, indtil de er gyldne og hævede.

# Fuldkorns-sultana-croissanter

12 år siden

25 g / 1 oz / 2 spsk spæk (afkortning)

225 g / 8 oz / 2 kopper almindeligt stærkt mel (brød)

225 g / 8 oz / 2 kopper fuldkornshvedemel (fuld hvede)

10 ml / 2 tsk salt

25 g / 1 oz frisk gær eller 40 ml / 2½ spsk tørgær

300 ml / ½ pt / 1¼ kopper varmt vand

2 æg, let pisket

100 g / 4 oz / ½ kop smør eller margarine, skåret i tern

45 ml / 3 spsk sultanas (gyldne rosiner)

2,5 ml / ½ tsk rørsukker (superfint)

Gnid svinefedtet i mel og salt, indtil blandingen ligner brødkrummer, og lav en brønd i midten. Bland gæren med vandet og tilsæt melet med et af æggene. Arbejd blandingen, indtil du har en glat dej, der kommer rent fra siderne af skålen. Vend ud på en let meldrysset overflade og ælt indtil glat og ikke længere klistret. Rul dejen ud til du får en strimmel på 20 x 50 cm. Prik de øverste to tredjedele af dejen med en tredjedel af smørret eller margarinen, og efterlad et lille hul rundt om kanten. Fold den smurte del af dejen over den næste tredjedel, og fold derefter den øverste tredjedel over den. Tryk på kanterne for at forsegle og giv dejen en kvart omgang, så den foldede kant er på din venstre side. Gentag processen med den næste tredjedel af smørret eller margarinen, fold og gentag en gang mere, så du har brugt alt fedtet. Læg den foldede dej i en oliesmurt polyethylenpose og stil den på køl i 30 minutter.

Rul, fold og vend dejen tre gange mere uden at tilsætte mere fedt. Kom tilbage i posen og stil på køl i 30 minutter.

Rul dejen ud til et 40 x 38 cm / 16 x 15 rektangel, klip kanterne af og skær i tolv 15 cm / 6 trekanter Pensl trekanterne med lidt sammenpisket æg, drys med sultanas og sukker og rul ud fra bunden, krum derefter i halvmåneformer og læg godt fra hinanden på en smurt (kiks) bageplade. Pensl kanterne med æg, dæk til og lad det stå et lunt sted i 30 minutter.

Pensl toppen med æg igen og bag i forvarmet 230°C/425°F/gasovn, markér 7 i 15-20 minutter, indtil de er gyldne og hævede.

## *skov runder*

Gør tre 350 g / 12 oz brød

450 g / 1 lb / 4 kopper fuldkornshvedemel (fuld hvede)

20 ml / 4 tsk bagepulver

45 ml / 3 spsk johannesbrødpulver

5 ml / 1 tsk salt

50 g / 2 oz / ½ kop malede hasselnødder

50 g / 2 oz / ½ kop hakkede blandede nødder

75 g / 3 oz / 1/3 kop vegetabilsk afkortning (fedt)

75 g / 3 oz / ¼ kop lys honning

300 ml / ½ pt / 1¼ kopper mælk

2,5 ml / ½ tsk vaniljeessens (ekstrakt)

1 sammenpisket æg

Bland de tørre ingredienser og læg dem i vegetabilsk olie. Opløs honningen i mælken og vaniljeessensen og bland med de tørre ingredienser, indtil du får en blød dej. Form i tre omgange og tryk for at flade lidt. Skær hvert brød delvist i seks portioner og pensl med sammenpisket æg. Placer på en smurt (kiks) bageplade og bag i en forvarmet ovn ved 230 ° C / 450 ° F / gasmærke 8 i 20 minutter, indtil den er gennemhævet og gylden.

# Nutty Twist

Giver et brød på 450 g / 1 lb

Til masse:

15 g / ½ oz frisk gær eller 20 ml / 4 tsk tørgær

40 g / 1½ oz / 3 spsk strøsukker (superfint)

100 ml / 3½ fl oz / 6½ spsk varm mælk

350 g / 12 oz / 3 kopper almindeligt stærkt mel (brød)

2,5 ml / ½ tsk salt

50 g / 2 oz / ¼ kop smeltet smør eller margarine

1 æg

Til fyldstof og glasur:

100 g / 4 oz / 1 kop malede mandler

2 æggehvider

50 g / 2 oz / ¼ kop strøsukker (superfint)

2,5 ml / ½ tsk kanelpulver

100 g / 4 oz / 1 kop malede hasselnødder

1 æggeblomme

For at lave dejen, pisk gæren med 5 ml / 1 tsk sukker og lidt mælk og lad den stå et lunt sted i 20 minutter, indtil den er skummende. Bland mel og salt i en skål og lav en brønd i midten. Bland gærblandingen, det resterende sukker og mælk, det smeltede smør eller margarine og ægget i og bland, indtil du har en jævn dej. Ælt indtil elastisk og ikke længere klistret. Læg i en oliesmurt skål, dæk med olieret plastfolie (plastfolie) og lad stå et lunt sted i ca. 1 time, indtil den er dobbelt så stor.

Rul dejen ud på en let meldrysset overflade til et rektangel på 30 x 40 cm / 12 x 16. Bland ingredienserne til fyld, undtagen blommen, til du får en jævn pasta, og fordel derefter ud over dejen lige under kanterne. . Pensl enderne med lidt æggeblomme og rul dejen ud over langsiden. Skær dejen nøjagtigt i halve på langs, og vrid derefter de to stykker sammen, og klem enderne sammen. Læg den på en smurt bageplade (kiks), dæk til og lad den stå et lunt sted i 30 minutter, indtil den er dobbelt så stor. Pensl med æggeblomme og bag i en forvarmet ovn ved 190°C / 375°F / gasmærke 5 i 30 minutter, indtil de er gyldenbrune.

## *orange boller*

24 år siden

Til masse:

25 g / 1 oz frisk gær eller 40 ml / 2½ spsk tørgær

120 ml / 4 fl oz / ½ kop varmt vand

75 g / 3 oz / 1/3 kop strøsukker (superfint)

100 g / 4 oz / ½ kop spæk (fedt), hakket

5 ml / 1 tsk salt

250 ml / 8 fl oz / 1 kop varm mælk

60 ml / 4 spiseskefulde appelsinjuice

30 ml / 2 spsk revet appelsinskal

2 sammenpisket æg

675 g / 1½ lb / 6 kopper almindeligt stærkt mel (brød)

Til frostingen (glasuren):

250 g / 9 oz / 1½ kop flormelis (konfekture)

5 ml / 1 tsk revet appelsinskal

30 ml / 2 spsk appelsinjuice

For at lave dejen skal du opløse gæren i varmt vand med 5 ml / 1 tsk sukker og lade den skumme. Bland svinefedtet med det resterende sukker og salt. Tilsæt mælk, appelsinjuice, skal og æg og rør gærblandingen i. Tilsæt gradvist melet og bland indtil du får en fast dej. Ælt godt. Læg den i en smurt skål, dæk med olieret plastfolie (plastfolie) og lad den stå et lunt sted i ca. 1 time, indtil den er dobbelt så stor.

Rul ud til ca. ¾/2 cm tyk og skær i runde stykker med en udstikker. Læg lidt afstand på en smurt bageplade og lad det stå et lunt sted i 25 minutter. Lad afkøle.

For at lave toppingen skal du putte sukkeret i en skål og blande det med appelsinskallen. Bland gradvist appelsinjuicen i, indtil du får et fast overtræk. Hæld en ske over bollerne, når de er afkølet, og lad det stivne.

## smerte chokolade

12 år siden

25 g / 1 oz / 2 spsk spæk (afkortning)

450 g / 1 lb / 4 kopper almindeligt stærkt mel (brød)

2,5 ml / ½ tsk rørsukker (superfint)

10 ml / 2 tsk salt

25 g / 1 oz frisk gær eller 40 ml / 2½ spsk tørgær

250 ml / 8 fl oz / 1 kop varmt vand

2 æg, let pisket

100 g / 4 oz / ½ kop smør eller margarine, skåret i tern

100 g / 4 oz / 1 kop almindelig (halvsød) chokolade, opdelt i 12 stykker

Gnid spæket ind i mel, sukker og salt, indtil blandingen ligner brødkrummer, og lav derefter en fordybning i midten. Bland gæren med vandet og tilsæt melet med et af æggene. Arbejd blandingen, indtil du har en glat dej, der kommer rent fra siderne af skålen. Vend ud på en let meldrysset overflade og ælt indtil glat og ikke længere klistret. Rul dejen ud til du får en strimmel på 20 x 50 cm. Prik de øverste to tredjedele af dejen med en tredjedel af smørret eller margarinen, og efterlad et lille hul rundt om kanten. Fold den smørfrie del af dejen over den næste tredjedel, fold derefter den øverste tredjedel over den, tryk på kanterne for at forsegle, og giv dejen en kvart omgang, så den foldede kant er på din venstre side. Gentag processen med den næste tredjedel af smørret eller margarinen, fold og gentag en gang mere, så du har brugt alt fedtet. Læg den foldede dej i en oliesmurt polyethylenpose og stil den på køl i 30 minutter.

Rul, fold og vend dejen tre gange mere uden at tilsætte mere fedt. Kom tilbage i posen og stil på køl i 30 minutter.

Del dejen i 12 stykker og rul den til rektangler, der er ca. 5 cm / 2 brede og 5 mm / ¼ tykke. Læg et stykke chokolade i midten af hver og rul sammen, omslutt chokoladen. Placer godt adskilt på en smurt (kiks) bageplade. Pensl kanterne med æg, dæk til og lad det stå et lunt sted i 30 minutter.

Pensl toppen med æg igen og bag i forvarmet 230°C/425°F/gasovn, markér 7 i 15-20 minutter, indtil de er gyldne og hævede.

# *pandolce*

Giver to 675 g/1½ lb brød

175 g / 6 oz / 1 kop rosiner

45 ml / 3 spsk Marsala eller sød sherry

25 g / 1 oz frisk gær eller 40 ml / 2½ spsk tørgær

175 g / 6 oz / ¾ kop strøsukker (superfint)

400 ml / 14 fl oz / 1¾ kopper varm mælk

900 g / 2 lb / 8 kopper almindeligt mel (all-purpose)

En smule salt

45ml / 3 spsk appelsinblomstvand

75 g / 3 oz / 1/3 kop smeltet smør eller margarine

50 g / 2 oz / ½ kop pinjekerner

50 g / 2 oz / ½ kop pistacienødder

10 ml / 2 tsk knuste fennikelfrø

50 g / 2 oz / 1/3 kop kandiseret (kandiseret) citronskal, hakket

Revet skal af 1 appelsin

Rør rosinerne og Marsala i og udblød dem. Pisk gæren med 5 ml / 1 tsk sukker og lidt af den varme mælk og lad den stå et lunt sted i 20 minutter, indtil den er skummende. Bland mel, salt og resterende sukker i en skål og lav et hul i midten. Rør gærblandingen, den resterende varme mælk og appelsinblomstvand i. Tilsæt smeltet smør eller margarine og bland til en jævn masse. Ælt på en let meldrysset overflade, indtil den er elastisk og ikke længere klistret. Læg i en oliesmurt skål, dæk med olieret plastfolie (plastfolie) og lad stå et lunt sted i ca. 1 time, indtil den er dobbelt så stor.

Tryk eller rul dejen ud på en let meldrysset overflade til ca. 1 cm/½ tykkelse. Drys med rosiner, valnødder, fennikelfrø, citron og appelsinskal. Rul dejen, tryk eller rul den ud og rul den igen. Form til en rund form og læg på en smurt bageplade (kiks). Dæk med oliebehandlet plastfolie og lad det stå et lunt sted i ca. 1 time, indtil det er dobbelt så stort.

Lav et trekantet snit i toppen af brødet og bag i en forvarmet ovn ved 190 °C / 375 °F / gasmærke 5 i 20 minutter. Reducer ovntemperaturen til 160 °C / 325 °F / gasmærke 3 og bag i 1 time mere, indtil den er gyldenbrun og lyder hul, når du banker på bunden.

# Panettone

Giver en 23 cm / 9 kage

40 g / 1½ oz frisk gær eller 60 ml / 4 spsk tørgær

150 g / 5 oz / 2/3 kop strøsukker (superfint)

300 ml / ½ pt / 1¼ kopper varm mælk

225 g / 8 oz / 1 kop smeltet smør eller margarine

5 ml / 1 tsk salt

Revet skal af 1 citron

En knivspids revet muskatnød

6 æggeblommer

675 g / 1½ lb / 6 kopper almindeligt stærkt mel (brød)

175 g / 6 oz / 1 kop rosiner

175 g / 6 oz / 1 kop hakket blandet skræl (kandiseret)

75 g / 3 oz / ¼ kop mandler, hakkede

Pisk gæren med 5 ml / 1 tsk sukker med lidt af den varme mælk og lad den stå et lunt sted i 20 minutter, indtil den er skummende. Bland det smeltede smør med det resterende sukker, salt, citronskal, muskatnød og æggeblommer. Rør blandingen ud i melet med gærblandingen og pisk indtil du får en jævn dej. Ælt indtil det ikke længere klistrer. Læg i en oliesmurt skål, dæk med olieret plastfolie (plastfolie) og lad stå et lunt sted i 20 minutter. Bland rosiner, skaller og mandler og tilsæt til dejen. Dæk igen og lad det stå et lunt sted i yderligere 30 minutter.

Ælt dejen let, form den derefter til en smurt og beklædt 23 cm / 9 dyb kageform (bradepande) Dæk til og lad den stå et lunt sted i 30 minutter, indtil dejen har hævet et godt stykke over toppen af formen. Bag i en forvarmet ovn ved 190°C / 375°F / gasmærke 5 i 1 1/2 time, indtil et spyd, der er indsat i midten, kommer rent ud.

# Æble- og dadelbrød

Giver et brød på 900 g / 2 lb

350 g / 12 oz / 3 kopper selvhævende mel

50 g / 2 oz / ¼ kop blødt brun farin

5 ml / 1 tsk blandet med krydderier (æblekage)

5 ml / 1 tsk kanelpulver

2,5 ml / ½ tsk revet muskatnød

En smule salt

1 stort æble (tærte), skrællet, udkeret og skåret i tern

175 g / 6 oz / 1 kop udstenede dadler (udstenede), hakket

Revet skal af ½ citron

2 æg, let pisket

150 ml / ¼ pt / 2/3 kop almindelig yoghurt

Bland de tørre ingredienser og tilsæt æble, dadler og citronskal. Lav et hul i midten, tilsæt æg og yoghurt og pisk langsomt, indtil du danner en dej. Vend ud på en let meldrysset overflade og form til en smurt og meldrysset brødform på 900 g. Bages i en forvarmet ovn ved 160°C / 325°F / gasmærke 3 i 1 1/2 time, indtil de er gennemhævet og gyldenbrune. Afkøl i gryden i 5 minutter, og læg derefter på en rist for at afslutte afkølingen.

# Æble og Sultana brød

Gør tre 350 g / 12 oz brød

25 g / 1 oz frisk gær eller 40 ml / 2½ spsk tørgær

10 ml / 2 tsk maltekstrakt

375 ml / 13 fl oz / 1½ kopper varmt vand

450 g / 1 lb / 4 kopper fuldkornshvedemel (fuld hvede)

5 ml / 1 tsk sojamel

50 g / 2 oz / ½ kop havregryn

2,5 ml / ½ tsk salt

25 g / 1 oz / 2 spsk blødt brun farin

15 ml / 1 spsk spæk (afkortning)

225 g / 8 oz Kog (tærte) æbler, skrællede, udkernede og hakkede

400 g / 14 oz / 21/3 kopper sultanas (gyldne rosiner)

2,5 ml / ½ tsk kanelpulver

1 sammenpisket æg


Pisk gæren sammen med maltekstrakten og lidt af det varme vand og lad det stå et lunt sted til det er skummende. Bland mel, havre, salt og sukker, dyp i spæk og lav en fordybning i midten. Kombiner gærblandingen og det resterende varme vand og ælt indtil du har en glat dej. Rør æbler, sultanas og kanel i. Ælt indtil elastisk og ikke længere klistret. Læg dejen i en oliesmurt skål og dæk med olieret plastfolie (plastfolie). Lad stå et lunt sted i 1 time, indtil den er fordoblet i størrelse.

Ælt dejen let, rul den i tre omgange og flad den lidt, og læg den derefter på en smurt bageplade (til bagning). Pensl toppene med sammenpisket æg og bag dem i en forvarmet ovn ved 230°C /

450°F / gasmærke 8 i 35 minutter, indtil de er godt hævet og lyder hule, når der bankes på bunden.

# Overraskelser med æble og kanel

For 10 år siden

Til masse:

25 g / 1 oz frisk gær eller 40 ml / 2½ spsk tørgær

75 g / 3 oz / 1/3 kop blødt brun farin

300 ml / ½ pt / 1¼ kopper varmt vand

450 g / 1 lb / 4 kopper fuldkornshvedemel (fuld hvede)

2,5 ml / ½ tsk salt

25 g / 1 oz / ¼ kop pulveriseret mælk (skummetmælkspulver)

5 ml / 1 tsk malede krydderier (æblekage)

5 ml / 1 tsk kanelpulver

75 g / 3 oz / 1/3 kop smør eller margarine

15 ml / 1 spsk revet appelsinskal

1 æg

Til fyldet:

450 g / 1 lb kogende (tærte) æbler, skrællede, udkernede og groft hakkede

75 g / 3 oz / ½ kop sultanas (gyldne rosiner)

5 ml / 1 tsk kanelpulver

Til glasuren:

15 ml / 1 spsk klar honning

30 ml / 2 spsk strøsukker (superfint)


For at lave dejen, pisk gæren med lidt sukker og lidt varmt vand og lad den stå et lunt sted i 20 minutter, indtil den er skummende.

Bland mel, salt, mælkepulver og krydderier. Passer smørret eller margarinen, saml appelsinskallen og lav et hul i midten. Tilsæt gærblandingen, resten af det varme vand og ægget og rør til du har en jævn dej. Læg i en oliesmurt skål, dæk med olieret plastfolie (plastfolie) og lad stå et lunt sted i 1 time, indtil den er dobbelt så stor.

For at lave fyldet koges æbler og sultanas i en stegepande med kanel og lidt vand, indtil de er bløde og purerede.

Form dejen til 10 ruller, tryk fingeren ind i midten og læg lidt af fyldet, og luk så dejen rundt om fyldet. Anret på en smurt bageplade (kiks), dæk med olieret husholdningsfilm og lad stå et lunt sted i 40 minutter. Bages i en forvarmet ovn ved 230°C/450°F/gasmærke 8 i 15 minutter, indtil de er godt hævet. Pensl med honning, drys med sukker og lad afkøle.

# Abrikos te brød

Giver et brød på 900 g / 2 lb

225 g / 8 oz / 2 kopper selvhævende mel (selvhævende)

100 g / 4 oz / 2/3 kop tørrede abrikoser

50 g / 2 oz / ½ kop mandler, hakkede

50 g / 2 oz / ¼ kop blødt brun farin

50 g / 2 oz / ¼ kop smør eller margarine

100 g / 4 oz / 1/3 kop gylden sirup (lys majs)

1 æg

75 ml / 5 spsk mælk

Udblød abrikoserne i varmt vand i 1 time, dræn og hak.

Bland mel, abrikoser, mandler og sukker. Smelt smør eller margarine og sirup. Tilføj til tørre ingredienser med æg og mælk. Hæld i en smurt og foret 900 g/2 lb brødform (bradepande) og bag i en forvarmet ovn ved 180°C / 350°F / gasmærke 4 i 1 time, indtil den er gyldenbrun og fast at røre ved.

# Abrikos og appelsinbrød

Giver et brød på 900 g / 2 lb

175 g / 6 oz / 1 kop tørrede usaltede abrikoser, hakket

150 ml / ¼ pt / 2/3 kop appelsinjuice

400 g / 14 oz / 3½ kopper almindeligt mel (all-purpose)

175 g / 6 oz / ¾ kop strøsukker (superfint)

100 g / 4 oz / 2/3 kop rosiner

7,5 ml / 1½ tsk bagepulver

2,5 ml / ½ tsk natron (bagepulver)

2,5 ml / ½ tsk salt

Revet skal af 1 appelsin

1 æg, let pisket

25 g / 1 oz / 2 spsk smeltet smør eller margarine

Udblød abrikoser i appelsinjuice. Kom de tørre ingredienser og appelsinskal i en skål og lav en fordybning i midten. Tilsæt abrikoser og appelsinjuice, ægget og det smeltede smør eller margarine og arbejd indtil du får en stiv blanding. Hæld i en smurt og foret 900g/2lb brødform (bradepande) og bag i en forvarmet ovn ved 180°C / 350°F/gasmærke 4 i 1 time, indtil den er gyldenbrun og fast at røre ved.

# Abrikos- og valnøddebrød

Giver et brød på 900 g / 2 lb

15 g / ½ oz frisk gær eller 20 ml / 4 tsk tørgær

30 ml / 2 spsk klar honning

300 ml / ½ pt / 1¼ kopper varmt vand

25 g / 1 oz / 2 spsk smør eller margarine

225 g / 8 oz / 2 kopper fuldkornshvedemel (fuld hvede)

225 g / 8 oz / 2 kopper almindeligt mel (all-purpose)

5 ml / 1 tsk salt

75 g / 3 oz / ¾ kop valnødder, hakket

175 g / 6 oz / 1 kop spiseklare tørrede abrikoser, hakkede

Pisk gæren med lidt honning og lidt vand og lad den stå et lunt sted i 20 minutter, indtil der dannes skum. Dyp smør eller margarine i mel og salt og lav en brønd i midten. Bland gærblandingen med den resterende honning og vand og bland indtil en dej dannes. Rør nødder og abrikoser i og mos til det er glat og ikke længere klistret. Læg den i en oliesmurt skål, dæk til og lad den stå et lunt sted i 1 time, indtil den er dobbelt så stor.

Ælt dejen igen og form den til en smurt 900 g/2 lb brødform (bradepande). Dæk med olieret plastfolie (plastfolie) og lad stå et lunt sted i cirka 20 minutter, indtil dejen hæver lige over toppen af formen. Bag i en forvarmet ovn ved 220°C / 425°F / gasmærke 7 i 30 minutter, indtil den er gyldenbrun og lyder hul, når du banker på bunden.

## *efterårskrans*

Gør et fantastisk brød

### Til masse:
450 g / 1 lb / 4 kopper fuldkornshvedemel (fuld hvede)

20 ml / 4 tsk bagepulver

75 g / 3 oz / 1/3 kop blødt brun farin

5 ml / 1 tsk salt

2,5 ml / ½ tsk stødt æble

75 g / 3 oz / 1/3 kop vegetabilsk afkortning (fedt)

3 æggehvider

300 ml / ½ pt / 1¼ kopper mælk

### Til fyldet:
175 g / 6 oz / 1½ kopper fuldkornskagekrummer (fuld hvede)

50 g / 2 oz / ½ kop malede hasselnødder eller mandler

50 g / 2 oz / ¼ kop blødt brun farin

75 g / 3 oz / ½ kop kandiseret (kandiseret) ingefær, hakket

30 ml / 2 spsk rom eller brandy

1 æg, let pisket

### Til neglelak:
15 ml / 1 spiseskefuld honning

For at lave dejen blandes de tørre ingredienser og rulles i fedtstoffet. Bland hviderne med mælken og bland med blandingen, indtil du får en blød, smidig dej.

Bland ingredienserne til fyldet sammen, brug lige nok af ægget til at få en smørbar konsistens. Rul dejen ud på en let meldrysset overflade til et rektangel på 20 x 30 cm / 8 x 10. Fordel fyldet over det hele undtagen de øverste 2,5 cm / 1 langs den lange kant. Rul op fra modsatte kant som en schweizisk (Jello) rulle, og fugt flad strimmel dej for at forsegle. Fugt hver ende og form rullen til en cirkel, der forsegler enderne. Med en skarp saks laver du små snit på toppen for at dekorere. Læg dem på en smurt bageplade og pensl med det resterende æg. Lad hvile i 15 minutter.

Bages i en forvarmet ovn ved 230°C/450°F/gasmærke 8 i 25 minutter, indtil de er gyldenbrune. Pensl med honning og lad afkøle.

## *stykke banan*

Giver et brød på 900 g / 2 lb

75 g / 3 oz / 1/3 kop smør eller margarine, blødgjort

175 g / 6 oz / 2/3 kop strøsukker (superfint)

2 æg, let pisket

450 g / 1 lb modne bananer, mosede

200 g / 7 oz / 1¾ kop selvhævende mel (selvhævende)

75 g / 3 oz / ¾ kop valnødder, hakket

100 g / 4 oz / 2/3 kop sultanas (gyldne rosiner)

50 g / 2 oz / ½ kop glaserede kirsebær (kandiserede)

2,5 ml / ½ tsk natron (bagepulver)

En smule salt

Pisk smør eller margarine og sukker let og luftigt. Tilsæt gradvist æggene og tilsæt bananerne. Blend de resterende ingredienser, indtil de er godt blandet. Overfør til en smurt og foret 900 g / 2 lb brødform (bradepande) og bag i en forvarmet ovn ved 180 °C / 350 °C / gasmærke 4 i 1¼ time, indtil den er godt hævet og fast at røre ved.

# Fuldkorns bananbrød

Giver et brød på 900 g / 2 lb

100 g / 4 oz / ½ kop smør eller margarine, blødgjort

50 g / 2 oz / ¼ kop blødt brun farin

2 æg, let pisket

3 bananer, mosede

175 g / 6 oz / 1½ kopper fuldkornshvedemel (fuld hvede)

100 g / 4 oz / 1 kop havremel

5 ml / 1 tsk bagepulver

5 ml / 1 tsk malede krydderier (æblekage)

30 ml / 2 spsk mælk

Pisk smør eller margarine og sukker let og luftigt. Pisk gradvist æggene, tilsæt bananerne og tilsæt derefter mel, bagepulver og krydderier. Tilsæt nok mælk til at lave en jævn blanding. Hæld i en smurt og foret 900 g/2 lb brødform (bradepande) og jævn overflade. Bages i en forvarmet ovn ved 190°C / 375°F / gasmærke 5, indtil den er hævet og gylden.

# Banan og nøddebrød

Giver et brød på 900 g / 2 lb

50 g / 2 oz / ¼ kop smør eller margarine

225 g / 8 oz / 2 kopper selvhævende mel (selvhævende)

50 g / 2 oz / ¼ kop strøsukker (superfint)

50 g / 2 oz / ½ kop hakkede blandede nødder

1 æg, let pisket

75 g / 3 oz / 1/3 kop gylden sirup (lys majs)

2 bananer, mosede

15 ml / 1 spsk mælk

Hæld smør eller margarine i melet og tilsæt sukker og nødder. Tilsæt æg, sirup og bananer og nok af mælken til at få en jævn blanding. Hæld i en smurt og foret 900g/2lb brødform (bradepande) og bag i en forvarmet ovn ved 180°C / 350°F/gasmærke 4 i ca. 1 time, indtil den er fast og gylden. Opbevares i 24 timer før servering i skiver og smør.

# Bara Brith

Gør tre 450 g / 1 lb brød

450 g / 1 lb / 2¾ kopper blandet tørret frugt (frugtkageblanding)

250 ml / 8 fl oz / 1 kop stærk kold te

30 ml / 2 spsk tørgær

175 g / 6 oz / ¾ kop blødt brun farin

250 g / 12 oz / 3 kopper fuldkornsmel (fuld hvede)

350 g / 12 oz / 3 kopper almindeligt stærkt mel (brød)

10 ml / 2 tsk malede krydderier (æblekage)

100 g / 4 oz / ½ kop smeltet smør eller margarine

2 sammenpisket æg

2,5 ml / ½ tsk salt

15 ml / 1 spsk klar honning

Udblød frugten i te i 2 timer. Opvarm 30 ml / 2 tsk te og bland med gæren og 5 ml / 1 tsk sukker. Lad stå et lunt sted, indtil der dannes skum. Bland de tørre ingredienser i, bland derefter gærblandingen og alle de resterende ingredienser undtagen honningen i og bland indtil en dej dannes. Overfør til en let meldrysset overflade og ælt forsigtigt, indtil den er glat og elastisk. Fordel mellem tre smurte og forede 450 g/1 lb brødforme. Dæk til med olieret plastfolie (plastfolie) og lad stå et lunt sted i 1 time, indtil dejen hæver sig over toppen af formene.

Bages i en forvarmet ovn ved 200 °C / 400 °F / gasmærke 6 i 15 minutter, og reducer derefter ovntemperaturen til 180 °C / 350 °F / gasmærke 4 i yderligere 45 minutter, indtil den er gyldenbrun og hævet hul, når der trykkes på ved basen. Lun honningen og pensl de varme boller over.

# *badeboller*

Giver 12 brød

500 g / 1 lb / 4 kopper almindeligt stærkt mel (brød)

25 g / 1 oz frisk gær eller 40 ml / 2½ spsk tørgær

150 ml / ¼ pt / 2/3 kop varm mælk

75 g / 3 oz / 1/3 kop strøsukker (superfint)

150 ml / ¼ pt / 2/3 kop varmt vand

5 ml / 1 tsk salt

50 g / 2 oz / ¼ kop smør eller margarine

2 sammenpisket æg

175 g / 6 oz / 1 kop sultanas (gyldne rosiner)

50 g / 2 oz / 1/3 kop hakket blandet bark

Pisket æg til glasering

Dåsesukker, knust, til drys

Kom en fjerdedel af melet i en skål og lav en fordybning i midten. Bland gæren med halvdelen af mælken og 5 ml / 1 tsk sukker og hæld i karret. Tilsæt den resterende væske. Rør godt rundt og lad stå et lunt sted i 35 minutter, indtil der dannes skum. Kom resten af melet i en skål med saltet. Tilsæt det resterende sukker og rør smør eller margarine i, indtil blandingen minder om brødkrummer. Hæld gærblandingen og æggene i og pisk godt. Rør sultanas og blandede skræller i. Dæk til med olieret plastfolie (plastfolie) og lad stå et lunt sted til dobbelt størrelse.

Ælt dejen godt og del den i 12 stykker. Form til en rund form og læg på en smurt bageplade (kiks). Dæk til med olieret plastfolie og lad det stå et lunt sted i 15 minutter. Pensl med sammenpisket æg og drys med hakket sukker. Bages i en forvarmet ovn ved 200°C/400°F/gasmærke 6 i 15-20 minutter, indtil de er gyldenbrune.

# Kirsebær og honningkage

Giver et brød på 900 g / 2 lb

175 g / 6 oz / ¾ kop smør eller margarine, blødgjort

75 g / 3 oz / 1/3 kop blødt brun farin

60 ml / 4 spsk klar honning

2 sammenpisket æg

100 g / 4 oz / 2 kopper fuldkornshvedemel (fuld hvede)

10 ml / 2 tsk bagepulver

100 g / 4 oz / ½ kop glaserede (kandiserede) kirsebær, hakket

45 ml / 3 spsk mælk

Pisk smør eller margarine, sukker og honning til det er lyst og luftigt. Tilsæt gradvist æggene, pisk godt efter hver tilsætning. Blend de resterende ingredienser til en jævn blanding. Hæld i en smurt og foret 900g/2lb brødform (bradepande) og bag i en forvarmet ovn ved 180°C / 350°F/gasmærke 4 i 1 time, indtil et spyd indsat i midten springer ud. Server i skiver og med smør.

# Kanel og muskat ruller

24 år siden

15 ml / 1 spsk tørgær

120 ml / 4 fl oz / ½ kop kogt mælk

50 g / 2 oz / ¼ kop strøsukker (superfint)

50 g / 2 oz / ¼ kop spæk (afkortning)

5 ml / 1 tsk salt

120 ml / 4 fl oz / ½ kop varmt vand

2,5 ml / ½ tsk revet muskatnød

1 sammenpisket æg

400 g / 14 oz / 3½ kopper almindeligt stærkt mel (brød)

45 ml / 3 spsk smeltet smør eller margarine

175 g / 6 oz / ¾ kop blødt brun farin

10 ml / 2 tsk stødt kanel

75 g / 3 oz / ½ kop rosiner

Opløs gæren i varm mælk med en teskefuld flormelis og lad den skummende. Bland det resterende flormelis, spæk og salt. Hæld vandet i og rør til det er godt blandet. Tilsæt gærblandingen og tilsæt gradvist muskatnød, æg og mel. Ælt indtil du får en glat dej. Læg den i en smurt skål, dæk med olieret plastfolie (plastfolie) og lad den stå et lunt sted i ca. 1 time, indtil den er dobbelt så stor.

Del dejen i to og rul ud på en let meldrysset overflade til rektangler på ca. 5 mm / ¼ tykke. Pensl med smeltet smør og drys med farin, kanel og rosiner. Rul fra den største størrelse og skær hver rulle i 12 1/2-tommer tykke skiver. Læg skiverne lidt fra hinanden på en smurt bageplade og lad dem stå et lunt sted i 1 time. Bages i en forvarmet ovn ved 190°C/375°F/gasmærke 5 i 20 minutter, indtil de er godt hævet.

# *tranebærbrød*

Giver et brød på 450 g / 1 lb

225 g / 8 oz / 2 kopper almindeligt mel (all-purpose)

2,5 ml / ½ tsk salt

2,5 ml / ½ tsk natron (bagepulver)

225 g / 8 ounce / 1 kop strøsukker (superfint)

7,5 ml / 1½ tsk bagepulver

Saft og revet skal af 1 appelsin

1 sammenpisket æg

25 g / 1 oz / 2 spsk spæk (fedt), smeltet

100 g / 4 oz friske eller frosne tranebær, knust

50 g / 2 oz / ½ kop valnødder, groft hakkede

Bland de tørre ingredienser i en stor skål. Anbring appelsinjuice og skræl i en målekande og fyld til 175 ml / 6 fl oz / ¾ kop med vand. Bland de tørre ingredienser med æg og svinefedt. Rør brombær og valnødder i. Overfør til en smurt 450 g / 1 lb brødform (bradepande) og bag i en forvarmet ovn ved 160 °C / 325 °F / gasmærke 3 i ca. 1 time, indtil et spyd indsat i midten springer rent ud. Lad afkøle og opbevare i 24 timer før udskæring.

# Daddel og Smørkage

Giver et brød på 900 g / 2 lb

### Til brødet:

175 g / 6 oz / 1 kop udstenede dadler (udstenede), finthakket

5 ml / 1 tsk natron (bagepulver)

250 ml / 8 fl oz / 1 kop kogende vand

75 g / 3 oz / 1/3 kop smør eller margarine, blødgjort

225 g / 8 oz / 1 kop blødt brun farin

1 æg, let pisket

5 ml / 1 tsk vaniljeessens (ekstrakt)

225 g / 8 oz / 2 kopper almindeligt mel (all-purpose)

5 ml / 1 tsk bagepulver

En smule salt

### Til taget:

100 g / 4 oz / ½ kop blødt brun farin

50 g / 2 oz / ¼ kop smør eller margarine

120 ml / 4 fl oz / ½ kop almindelig fløde (let)

For at lave brødet, kom dadler, bagepulver og kogende vand sammen og rør godt rundt, og lad derefter afkøle. Pisk smør eller margarine og sukker let og luftigt og pisk lidt efter lidt æg og vaniljeekstrakt i. Bland mel, gær og salt. Hæld blandingen i en smurt og foret 900 g/2 lb brødform (bradepande) og sæt den i en forvarmet ovn ved 180 °C / 350 °F / gasmærke 4 i 1 time, indtil et spyd, der stikkes i midten, kommer rent ud. .

For at lave glasuren skal du smelte sukker, smør eller margarine og fløde ved lav varme, indtil det er godt blandet og koge ved svag varme i 15 minutter, mens du rører af og til. Tag brødet ud af formen og dryp med den varme topping. Lad afkøle.

# Daddel og bananbrød

Giver et brød på 900 g / 2 lb

225 g / 8 oz / 11/3 kop udstenede dadler (udstenede), hakket

300 ml / ½ pt / 1¼ kopper mælk

5 ml / 1 tsk natron (bagepulver)

100 g / 4 oz / ½ kop smør eller margarine

275 g / 10 oz / 2½ kop selvhævende mel

2 modne bananer, mosede

1 sammenpisket æg

75 g / 3 oz / ¾ kop hasselnødder, hakket

30 ml / 2 spsk klar honning

Kom dadler, mælk og sodavand i en gryde og bring det i kog under konstant omrøring. Lad afkøle. Gnid smørret eller margarinen ind i melet, indtil blandingen minder om brødkrummer. Tilsæt bananer, æg og de fleste hasselnødder, gem lidt til pynt. Hæld i en smurt og foret 900g/2lb brødform (bradepande) og bag i en forvarmet ovn ved 180°C / 350°F/gasmærke 4 i 1 time, indtil et spyd indsat i midten springer ud. Lad afkøle i gryden i 5 minutter, tag formen ud og fjern papirbeklædningen. Varm honningen op og pensl over kagen. Drys med de reserverede valnødder og lad køle helt af.

# Dadler og appelsinbrød

Giver et brød på 900 g / 2 lb

225 g / 8 oz / 11/3 kop udstenede dadler (udstenede), hakket

120 ml / 4 fl oz / ½ kop vand

200 g / 7 oz / sparsom 1 kop blødt brun farin

75 g / 3 oz / 1/3 kop smør eller margarine

Revet skal og saft af 1 appelsin

1 æg, let pisket

225 g / 8 oz / 2 kopper almindeligt mel (all-purpose)

10 ml / 2 tsk bagepulver

5 ml / 1 tsk kanelpulver

Kog dadlerne i vand i 15 minutter, indtil de er tykke. Tilsæt sukkeret indtil det er opløst. Fjern fra varmen og lad afkøle lidt. Tilsæt smør eller margarine, appelsinskal og saft og derefter ægget. Bland mel, bagepulver og kanel. Hæld i en smurt og foret 900g/2lb brødform (bradepande) og bag i en forvarmet ovn ved 180°C / 350°F/gasmærke 4 i 1 time, indtil et spyd indsat i midten springer ud.

# Daddel og valnøddebrød

Giver et brød på 900 g / 2 lb

250 ml / 8 fl oz / 1 kop kogende vand

225 g / 8 oz / 11/3 kop udstenede dadler (udstenede), hakket

10 ml / 2 tsk natron (bagepulver)

25 g / 1 oz / 2 spsk vegetabilsk shortening (afkortning)

225 g / 8 oz / 1 kop blødt brun farin

2 sammenpisket æg

225 g / 8 oz / 2 kopper almindeligt mel (all-purpose)

5 ml / 1 tsk salt

50 g / 2 oz / ½ kop pecannødder, hakket

Hæld det kogende vand over dadlerne og natron og lad det køle af. Pisk vegetabilsk fedt og sukker til det er cremet. Tilsæt æggene lidt efter lidt. Bland melet med salt og nødder, og vend derefter i den cremede blanding skiftevis med dadler og væske. Hæld i en smurt 900 g / 2 lb brødform (bradepande) og bag i en forvarmet ovn ved 180 °C / 350 °F / gasmærke 4 i 1 time, indtil den er fast at røre ved.

# dadelbrød

Giver et brød på 900 g / 2 lb

225 g / 8 oz / 2 kopper almindeligt mel (all-purpose)

100 g / 4 oz / ½ kop blødt brun farin

En smule salt

5 ml / 1 tsk malede krydderier (æblekage)

5 ml / 1 tsk natron (bagepulver)

50 g / 2 oz / ¼ kop smeltet smør eller margarine

15 ml / 1 spiseskefuld sort melasse (melasse)

150 ml / ¼ pt / 2/3 kop sort te

1 sammenpisket æg

75 g / 3 oz / ½ kop udstenede dadler, hakket

Bland mel, sukker, salt, krydderier og natron. Tilsæt smør, melasse, te og æg og bland godt, indtil det er glat. Bland dadlerne. Hæld blandingen i en smurt og foret 900g / 2lb brødform (bradepande) og sæt den i en forvarmet ovn ved 180°C / 350°F / gasmærke 4 i 45 minutter.

## *dadler og nødder*

Giver et brød på 900 g / 2 lb

100 g / 4 oz / ½ kop smør eller margarine

175 g / 6 oz / 1½ kopper fuldkornshvedemel (fuld hvede)

50 g / 2 oz / ½ kop havremel

10 ml / 2 tsk bagepulver

5 ml / 1 tsk malede krydderier (æblekage)

2,5 ml / ½ tsk kanelpulver

50 g / 2 oz / ¼ kop blødt brun farin

75 g / 3 oz / ½ kop udstenede dadler, hakket

75 g / 3 oz / ¾ kop valnødder, hakket

2 æg, let pisket

30 ml / 2 spsk mælk

Gnid smør eller margarine ind i mel, gær og krydderier, indtil blandingen minder om brødkrummer. Rør sukker, dadler og nødder i. Bland æg og mælk til en blød dej. Form dejen til en smurt 900 g/2 lb brødform (bradepande) og jævn overfladen. Bages i en forvarmet ovn ved 160°C / 325°F / gasmærke 3 i 45 minutter, indtil de er hævede og gyldne.

# *figenbrød*

Giver et brød på 450 g / 1 lb

100 g / 4 oz / 1½ kop klid korn

100 g / 4 oz / ½ kop blødt brun farin

100 g / 4 oz / 2/3 kop tørrede figner, hakket

30 ml / 2 spsk. blackstrap melasse (melasse)

250 ml / 8 fl oz / 1 kop mælk

100 g / 4 oz / 1 kop fuldkornsmel (fuld hvede)

10 ml / 2 tsk bagepulver

Bland korn, sukker, figner, melasse og mælk og lad det stå i 30 minutter. Bland mel og gær. Overfør til en smurt 450 g / 1 lb brødform (bradepande) og bag i en forvarmet ovn ved 180 °C / 350 °F / gasmærke 4 i 45 minutter, indtil den er sat og en tandstik indsat i midten kommer ren ud.

# Figen og Marsala Brød

Giver et brød på 900 g / 2 lb

225 g / 8 oz / 1 kop usaltet smør eller margarine (sød), blødgjort

225 g / 8 oz / 1 kop blødt brun farin

4 æg, let pisket

45 ml / 3 spsk Marsala

5 ml / 1 tsk vaniljeessens (ekstrakt)

200 g / 7 oz / 1¾ kopper almindeligt mel (all-purpose)

En smule salt

50 g / 2 oz / 1/3 kop spiseklare tørrede abrikoser, hakket

50 g / 2 oz / 1/3 kop udstenede dadler, hakket

50 g / 2 oz / 1/3 kop tørrede figner, hakket

50 g / 2 oz / ½ kop hakkede blandede nødder

Pisk smør eller margarine og sukker let og luftigt. Tilsæt gradvist æggene, derefter Marsala og vaniljeessens. Bland mel og salt med frugt og nødder, vend det derefter ind i blandingen og bland godt. Hæld i en smurt og meldrysset 900g/2lb brødform (bradepande) og sæt i en forvarmet ovn ved 180°C / 350°F / gasmærke 4 i 1 time. Afkøl i gryden i 10 minutter, og læg derefter på en rist for at afslutte afkølingen.

# Honning og figenruller

12 år siden

25 g / 1 oz frisk gær eller 40 ml / 2½ spsk tørgær

75 g / 3 oz / ¼ kop lys honning

300 ml / ½ pt / 1¼ kopper varmt vand

100 g / 4 oz / 2/3 kop tørrede figner, hakket

15 ml / 1 spsk maltekstrakt

450 g / 1 lb / 4 kopper fuldkornshvedemel (fuld hvede)

15 ml / 1 spsk mælkepulver (skummetmælkspulver)

5 ml / 1 tsk salt

2,5 ml / ½ tsk revet muskatnød

40 g / 1½ oz / 2½ spsk smør eller margarine

skal af 1 appelsin

1 sammenpisket æg

15 ml / 1 spsk sesamfrø


Pisk gæren med 5 ml / 1 tsk honning og lidt af det varme vand og lad det stå et lunt sted, indtil det er skummende. Bland resten af det varme vand med figner, maltekstrakt og resterende honning og udblød. Bland mel, pulveriseret mælk, salt og muskatnød, fordel med smør eller margarine og tilsæt appelsinskallen. Lav en brønd i midten og hæld gærblandingen og figenblandingen i. Bland til du får en blød dej og ælt til den ikke længere er klistret. Læg i en oliesmurt skål, dæk med olieret plastfolie (plastfolie) og lad stå et lunt sted i 1 time, indtil den er dobbelt så stor.

Ælt let, form til 12 ruller og læg dem på en smurt bageplade. Dæk til med olieret plastfolie og lad det stå et lunt sted i 20 minutter.

Pensl med sammenpisket æg og drys med sesamfrø. Bag i en forvarmet ovn ved 230°C / 450°F / gasmærke 8 i 15 minutter, indtil den er gyldenbrun og lyder hul, når du banker på bunden.

# Hot Cross boller

12 år siden

### Til brødene:

450 g / 1 lb / 4 kopper stærkt (brød) mel

15 ml / 1 spsk tørgær

En smule salt

5 ml / 1 tsk malede krydderier (æblekage)

50 g / 2 oz / ¼ kop strøsukker (superfint)

100 g / 4 oz / 2/3 kopper ribs

25 g / 1 oz / 3 spsk hakket blandet skræl (kandiseret)

1 sammenpisket æg

250 ml / 8 fl oz / 1 kop mælk

50 g / 2 oz / ¼ kop smeltet smør eller margarine

### Til krydsene:

25 g / 1 ounce / ¼ kop almindeligt mel (all-purpose)

15 ml / 1 spsk vand

Et lille sammenpisket æg

### Til glasuren:

50 g / 2 oz / ¼ kop strøsukker (superfint)

150 ml / ¼ pt / 2/3 kop vand

For at lave rullerne skal du kombinere de tørre ingredienser, ribs og blandede svær. Tilsæt æg, mælk og smeltet smør og bland indtil du får en fast dej, der kommer af skålens sider. Vend ud på en let meldrysset overflade og ælt i 5 minutter, indtil den er glat og elastisk. Del i 12 og rul til kugler. Læg godt fra hinanden på en smurt (kiks) bageplade, dæk med olieret plastfolie (plastfolie) og lad stå et lunt sted i ca. 45 minutter, indtil den er dobbelt så stor.

Kom krydsmelet i en lille skål og rør gradvist nok vand i til en dej. Rul ud til et langt bånd. Pensl toppen af brødene med sammenpisket æg, og tryk derefter let et dejkryds skåret fra den lange snor på hvert brød. Bages i en forvarmet ovn ved 220°C/425°F/gasmærke 7 i 20 minutter, indtil de er gyldenbrune.

For at lave glasuren skal du opløse sukkeret i vandet og koge til det er sirupsagtigt. Pensl de varme boller og læg dem over på en rist til afkøling.

# Lincolnshire blommebrød

Gør tre 450 g / 1 lb brød

15 g / ½ oz frisk gær eller 20 ml / 4 tsk tørgær

45ml / 3 spsk blødt brun farin

200 ml / 7 fl oz / sparsom 1 kop varm mælk

100 g / 4 oz / ½ kop smør eller margarine

450 g / 1 lb / 4 kopper almindeligt mel (all-purpose)

10 ml / 2 tsk bagepulver

En smule salt

1 sammenpisket æg

450 g / 1 lb / 22/3 kopper blandet tørret frugt (frugtkageblanding)

Pisk gæren med 5 ml / 1 tsk sukker og lidt af den varme mælk og lad den stå et lunt sted i 20 minutter, indtil den er skummende. Gnid smør eller margarine ind i mel, bagepulver og salt, indtil blandingen minder om brødkrummer. Tilsæt det resterende sukker og lav et hul i midten. Rør gærblandingen, den resterende varme mælk og ægget i, og tilsæt derefter frugten, indtil du har en meget stiv dej. Form til tre 450 g / 1 lb smurte brødforme (bagepander) og bag dem i en forvarmet ovn ved 150 °C / 300 °F / gasmærke 2 i 2 timer, indtil de er gyldenbrune.

# London Boller

For 10 år siden

50 g / 2 oz frisk gær eller 30 ml / 2 spsk tørgær

75 g / 3 oz / 1/3 kop blødt brun farin

300 ml / ½ pt / 1¼ kopper varmt vand

175 g / 6 oz / 1 kop ribs

25 g / 1 oz / 3 spsk hakkede og hakkede dadler (udstenede)

25 g / 1 oz / 3 spsk hakket blandet skræl (kandiseret)

25 g / 1 oz / 2 spsk hakkede glaserede kirsebær (kandiserede)

45 ml / 3 spiseskefulde appelsinjuice

450 g / 1 lb / 4 kopper fuldkornshvedemel (fuld hvede)

2,5 ml / ½ tsk salt

25 g / 1 oz / ¼ kop pulveriseret mælk (skummetmælkspulver)

15 ml / 1 spsk hakkede krydderier (æblekage)

5 ml / 1 tsk kanelpulver

75 g / 3 oz / 1/3 kop smør eller margarine

15 ml / 1 spsk revet appelsinskal

1 æg

15 ml / 1 spsk klar honning

30 ml / 2 spiseskefulde mandler i flager (flager)


Pisk gæren med lidt sukker og lidt varmt vand og lad det stå et lunt sted i 20 minutter, indtil der dannes skum. Udblød ribs, dadler, skræller og kirsebær i appelsinjuicen. Bland mel, salt, mælkepulver og krydderier. Passer smørret eller margarinen, saml appelsinskallen og lav et hul i midten. Tilsæt gærblandingen, resten af det varme vand og ægget og rør til du har en jævn dej. Læg i en oliesmurt skål, dæk med plastfolie (plastfolie) og lad stå et lunt sted i 1 time, indtil det er dobbelt så stort.

Form dejen til 10 ruller og læg den på en smurt bageplade (kiks). Dæk til med olieret plastfolie og lad det stå et lunt sted i 45 minutter. Bages i en forvarmet ovn ved 230°C/450°F/gasmærke 8 i 15 minutter, indtil de er godt hævet. Pensl med honning, drys med mandler og lad afkøle.

# Irsk landbrød

Giver et brød på 900 g / 2 lb

350 g / 12 oz / 3 kopper fuldkornsmel (fuld hvede)

100 g / 4 oz / 1 kop havregryn

100 g / 4 oz / 2/3 kop sultanas (gyldne rosiner)

15 ml / 1 spsk bagepulver

15 ml / 1 spsk strøsukker (superfint)

5 ml / 1 tsk natron (bagepulver)

5 ml / 1 tsk salt

10 ml / 2 tsk malede krydderier (æblekage)

Revet skal af ½ citron

1 sammenpisket æg

300 ml / ½ pt / 1¼ kopper kærnemælk eller almindelig yoghurt

150 ml / ¼ pt / 2/3 kop vand

Bland alle tørre ingredienser og citronskal og lav en brønd i midten. Pisk æg, kærnemælk eller yoghurt og vand. Bland med de tørre ingredienser og arbejd til du får en blød dej. Ælt på en let meldrysset overflade, og form derefter til en smurt 900 g/2 lb brødform (bradepande). Bages i en forvarmet ovn ved 200°C/400°F/gasmærke 6 i 1 time, indtil den er gennemhævet og fast at røre ved.

# maltbrød

Giver et brød på 450 g / 1 lb

25 g / 1 oz / 2 spsk smør eller margarine

225 g / 8 oz / 2 kopper selvhævende mel (selvhævende)

25 g / 1 oz / 2 spsk blødt brun farin

30 ml / 2 spsk. blackstrap melasse (melasse)

20 ml / 4 tsk maltekstrakt

150 ml / ¼ pt / 2/3 kop mælk

75 g / 3 oz / ½ kop sultanas (gyldne rosiner)

15 ml / 1 spsk strøsukker (superfint)

30 ml / 2 spsk vand

Hæld smør eller margarine i melet og tilsæt brun farin. Opvarm melasse, maltekstrakt og mælk, bland derefter de tørre ingredienser med sultanas og pisk, indtil der dannes en dej. Vend til en smurt 450 g/1 lb brødform (bradepande) og bag i en forvarmet ovn ved 160°C / 325°F/gasmærke 3 i 1 time, indtil den er gyldenbrun. Bring sukker og vand i kog og kog til sirupsagtig. Pensl over brødet og lad det køle af.

# Bran Malt Loaf

Giver et brød på 450 g / 1 lb

100 g / 4 oz / ½ kop blødt brun farin

225 g / 8 oz / 11/3 kop blandet tørret frugt (frugtkageblanding)

75 g / 3 oz All Bran korn

250 ml / 8 fl oz / 1 kop mælk

5 ml / 1 tsk malede krydderier (æblekage)

100 g / 4 oz / 1 kop selvhævende mel (selvhævende)

Bland sukker, frugt, All Bran, mælk og krydderier og lad det stå i blød i 1 time. Tilsæt melet og bland godt. Hæld i en smurt og foret 450 g/1 lb brødform (bradepande) og bag i en forvarmet ovn ved 180°C / 350°F / gasmærke 4 i 1 1/2 time, indtil den er fast at røre ved.

# *Fuldt maltbrød*

Giver et brød på 900 g / 2 lb

25 g / 1 oz / 2 spsk smør eller margarine

30 ml / 2 spsk. blackstrap melasse (melasse)

45 ml / 3 spsk maltekstrakt

150 ml / ¼ pt / 2/3 kop mælk

175 g / 6 oz / 1½ kopper fuldkornshvedemel (fuld hvede)

75 g / 3 oz / ¾ kop havremel

10 ml / 2 tsk bagepulver

100 g / 4 oz / 2/3 kop rosiner

Smelt smør eller margarine, melasse, maltekstrakt og mælk. Hæld mel, bagepulver og rosiner i og bland indtil du får en blød dej. Hæld i en smurt 900 g/2 lb brødform (bradepande) og jævn overfladen. Bag i en forvarmet ovn ved 200°C/400°F/gasmærke 6 i 45 minutter, indtil et spyd indsat i midten kommer rent ud.

# *Fredas nøddebrød*

Gør tre 350 g / 12 oz brød

25 g / 1 oz frisk gær eller 40 ml / 2½ spsk tørgær

10 ml / 2 tsk maltekstrakt

375 ml / 13 fl oz / 1½ kopper varmt vand

450 g / 1 lb / 4 kopper fuldkornshvedemel (fuld hvede)

5 ml / 1 tsk sojamel

50 g / 2 oz / ½ kop havregryn

2,5 ml / ½ tsk salt

25 g / 1 oz / 2 spsk blødt brun farin

15 ml / 1 spsk spæk (afkortning)

100 g / 4 oz / 1 kop hakkede blandede nødder

175 g / 6 oz / 1 kop ribs

50 g / 2 oz / 1/3 kop udstenede dadler, hakket

50 g / 2 oz / 1/3 kop rosiner

2,5 ml / ½ tsk kanelpulver

1 sammenpisket æg

45 ml / 3 spiseskefulde mandler i flager (flager)

Pisk gæren sammen med maltekstrakten og lidt af det varme vand og lad det stå et lunt sted til det er skummende. Bland mel, havre, salt og sukker, dyp i spæk og lav et hul i midten. Kombiner gærblandingen og det resterende varme vand og ælt indtil du har en glat dej. Rør valnødder, ribs, dadler, rosiner og kanel i. Ælt indtil elastisk og ikke længere klistret. Læg dejen i en oliesmurt skål og dæk med olieret plastfolie (plastfolie). Lad stå et lunt sted i 1 time, indtil den er fordoblet i størrelse.

Ælt dejen let, rul den i tre omgange og flad den lidt, og læg den derefter på en smurt bageplade (til bagning). Pensl enderne med sammenpisket æg og drys med mandler. Bag i en forvarmet ovn ved 230°C / 450°F / gasmærke 8 i 35 minutter, indtil den er hævet godt og lyder hul, når du banker på bunden.

# *Paranødder og dadelbrød*

Gør tre 350 g / 12 oz brød

25 g / 1 oz frisk gær eller 40 ml / 2½ spsk tørgær

10 ml / 2 tsk maltekstrakt

375 ml / 13 fl oz / 1½ kopper varmt vand

450 g / 1 lb / 4 kopper fuldkornshvedemel (fuld hvede)

5 ml / 1 tsk sojamel

50 g / 2 oz / ½ kop havregryn

2,5 ml / ½ tsk salt

25 g / 1 oz / 2 spsk blødt brun farin

15 ml / 1 spsk spæk (afkortning)

100 g / 4 oz / 1 kop paranødder, hakket

250 g / 9 oz / 1½ kop udstenede dadler, hakket

2,5 ml / ½ tsk kanelpulver

1 sammenpisket æg

45 ml / 3 spiseskefulde paranødder i skiver

Pisk gæren sammen med maltekstrakten og lidt af det varme vand og lad det stå et lunt sted til det er skummende. Bland mel, havre, salt og sukker, dyp i spæk og lav et hul i midten. Kombiner gærblandingen og det resterende varme vand og ælt indtil du har en glat dej. Rør valnødder, dadler og kanel i. Ælt indtil elastisk og ikke længere klistret. Læg dejen i en oliesmurt skål og dæk med olieret plastfolie (plastfolie). Lad stå et lunt sted i 1 time, indtil den er fordoblet i størrelse.

Ælt dejen let, form den til tre runde og flad den lidt, og læg den derefter på en smurt bageplade. Pensl toppen med sammenpisket æg og drys med snittede valnødder. Bag i en forvarmet ovn ved 230°C / 450°F / gasmærke 8 i 35 minutter, indtil den er hævet godt og lyder hul, når du banker på bunden.

# Panastan frugtbrød

Gør tre 175 g / 12 oz brød

25 g / 1 oz frisk gær eller 40 ml / 2½ spsk tørgær

150 ml / ¼ pt / 2/3 kop varmt vand

60 ml / 4 spsk klar honning

5 ml / 1 tsk maltekstrakt

15 ml / 1 spsk solsikkekerner

15 ml / 1 spsk sesamfrø

25 g / 1 oz / ¼ kop hvedekim

450 g / 1 lb / 4 kopper fuldkornshvedemel (fuld hvede)

5 ml / 1 tsk salt

50 g / 2 oz / ¼ kop smør eller margarine

175 g / 6 oz / 1 kop sultanas (gyldne rosiner)

25 g / 1 oz / 3 spsk hakket blandet skræl (kandiseret)

1 sammenpisket æg

Pisk gæren med lidt af det varme vand og 5 ml / 1 tsk honning og lad det stå et lunt sted i 20 minutter, indtil det er skummende. Bland den resterende honning og maltekstrakt i det resterende varme vand. Rist solsikke, sesam og hvedekim på en tør pande under omrøring til de er gyldenbrune. Kom i en skål med mel og salt og gnid smør eller margarine ind. Saml sultanas og blandede skræller og lav et hul i midten. Tilsæt gærblandingen, vandblandingen og ægget og ælt indtil du har en jævn dej. Læg i en oliesmurt skål, dæk med olieret plastfolie (plastfolie) og lad stå et lunt sted i 1 time, indtil den er dobbelt så stor.

Ælt let, form til tre brød og læg i et smurt bradefad (kiks) eller i smurte forme (bradepander). Dæk til med olieret plastfolie og lad det stå et lunt sted i 20 minutter. Bag i en forvarmet ovn ved 230 °C / 450 °F / gasmærke 8 i 40 minutter, indtil den er gyldenbrun og lyder hul, når du banker på bunden.

# *Græskarbrød*

Giver to 450 g / 1 lb brød

350 g / 12 oz / 1½ kop strøsukker (superfint)

120 ml / 4 fl oz / ½ kop olie

2,5 ml / ½ tsk revet muskatnød

5 ml / 1 tsk kanelpulver

5 ml / 1 tsk salt

2 sammenpisket æg

225 g / 8 oz / 1 kop kogt, pureret græskar

60 ml / 4 spiseskefulde vand

2,5 ml / ½ tsk natron (bagepulver)

1,5 ml / ¼ tsk bagepulver

175 g / 6 oz / 1½ kop almindeligt mel (all-purpose)

Bland sukker, olivenolie, muskatnød, kanel, salt og æg og pisk godt. Tilsæt de resterende ingredienser og pisk indtil du får en homogen masse. Hæld i to smurte 450 g / 1 lb brødforme (bagepander) og bag dem i en forvarmet ovn ved 180 °C / 350 °F / gasmærke 4 i 1 time, indtil et spyd, der er indsat i midten, kommer rent ud.

# *rosinbrød*

Giver to 450 g / 1 lb brød

15 ml / 1 spsk tørgær

120 ml / 4 fl oz / ½ kop varmt vand

250 ml / 8 fl oz / 1 kop varm mælk

60 ml / 4 spiseskefulde olie

50 g / 2 oz / ¼ kop sukker

1 sammenpisket æg

10 ml / 2 tsk stødt kanel

5 ml / 1 tsk salt

225 g / 8 oz / 11/3 kopper rosiner, udblødt i koldt vand natten over

550 g / 1¼ lb / 5 kopper almindeligt stærkt mel (brød)

Opløs gæren i varmt vand og lad den skumme. Bland mælk, olie, sukker, æg, kanel og salt. Dræn rosinerne og rør i blandingen. Rør gærblandingen i. Tilsæt gradvist melet og bland indtil du får en stiv dej. Læg i en smurt skål og dæk med olieret plastfolie (plastfolie). Lad det hæve et lunt sted i ca. 1 time, indtil det er dobbelt så stort.

Ælt igen og form til to smurte 450 g/1 lb brødforme. Dæk til med olieret plastfolie og lad det stå et lunt sted igen, indtil dejen hæver sig over toppen af formene. Bages i en forvarmet ovn ved 150°C/300°F/gasmærke 2 i 1 time, indtil de er gyldenbrune.

# Rosin iblødsætning

Giver to 450 g/l lb brød

450 g / 1 lb / 4 kopper almindeligt mel (all-purpose)

2,5 ml / ½ tsk salt

5 ml / 1 tsk malede krydderier (æblekage)

225 g / 8 oz / 11/3 kopper rosiner, hakket

10 ml / 2 tsk natron (bagepulver)

100 g / 4 oz / ½ kop smeltet smør eller margarine

225 g / 8 ounce / 1 kop strøsukker (superfint)

450 ml / ¾ pt / 2 kopper mælk

15 ml / 1 spsk citronsaft

30 ml / 2 spsk abrikosmarmelade (konserves), sigtet (sigtet)

Bland mel, salt, krydderier og rosiner. Pisk bagepulver i det smeltede smør, indtil det er godt blandet, og bland derefter alle ingredienserne sammen, indtil det er godt blandet. Dæk til og lad stå natten over.

Hæld blandingen i to smurte og forede 450 g/1 lb brødforme (bagepander) og bag i en forvarmet ovn ved 180 °C / 350 °F / gasmærke 4 i 1 time, indtil et spyd, der er sat i midten, kommer rent ud. .

# Rabarber og dadelbrød

Giver et brød på 900 g / 2 lb

225 g / 8 oz rabarber, hakket

50 g / 2 oz / ¼ kop smør eller margarine

225 g / 8 oz / 2 kopper almindeligt mel (all-purpose)

15 ml / 1 spsk bagepulver

175 g / 6 oz / 1 kop dadler, udstenede (udstenede) og finthakkede

1 sammenpisket æg

60 ml / 4 spsk mælk

Vask rabarberne og kog kun forsigtigt i vandet, der sidder fast på stykkerne, indtil du får en puré. Gnid smør eller margarine ind i mel og gær, indtil blandingen minder om brødkrummer. Tilsæt rabarber, dadler, æg og mælk og bland godt. Hæld i en smurt og foret 900g/2lb brødform (bradepande) og bag i en forvarmet ovn ved 190°C / 375°F/gasmærke 5 i 1 time, indtil den er fast at røre ved.

# Risbrød

Giver et brød på 900 g / 2 lb

75 g / 3 oz / 1/3 kop arborio eller anden mellemkornet ris

500 ml / 17 fl oz / 2½ kopper varmt vand

15 g / ½ oz frisk gær eller 20 ml / 4 tsk tørgær

30 ml / 2 spsk varmt vand

550 g / 1½ lb / 6 kopper almindeligt stærkt mel (brød)

15 ml / 1 spsk salt

Kom risene og halvdelen af det varme vand i en gryde, bring det i kog, læg låg på og kog ved svag varme i cirka 25 minutter, indtil risene har absorberet al væsken, og der kommer bobler på overfladen.

Bland imens gær med varmt vand. Når risene er kogte tilsættes mel, salt, gærblanding og resten af det varme vand og blandes til du får en våd dej. Dæk til med olieret plastfolie (plastfolie) og lad det stå et lunt sted i ca. 1 time, indtil det er dobbelt så stort.

Ælt dejen på en meldrysset overflade, og form den derefter til en smurt 900 g/2 lb brødform (bradepande). Dæk med oliesmurt plastfolie og lad det stå et lunt sted, indtil dejen hæver op over grydens overflade. Bag i en forvarmet ovn ved 230 °C / 450 °F / gasmærke 8 i 15 minutter, reducer derefter ovntemperaturen til 200 °C / 400 °F / gasmærke 6 og bag i yderligere 15 minutter. Fjern formen og bag i yderligere 15 minutter, indtil den er sprød og brun.

# Risbrød og nøddete

Giver to 900 g / 2 lb brød

100 g / 4 oz / ½ kop langkornet ris

300 ml / ½ pt / 1¼ kopper appelsinjuice

400 g / 14 oz / 1¾ kopper strøsukker (superfint)

2 sammenpisket æg

50 g / 2 oz / ¼ kop smeltet smør eller margarine

Revet skal og saft af 1 appelsin

225 g / 8 oz / 2 kopper almindeligt mel (all-purpose)

175 g / 6 oz / 1½ kopper fuldkornshvedemel (fuld hvede)

10 ml / 2 tsk bagepulver

5 ml / 1 tsk natron (bagepulver)

5 ml / 1 tsk salt

50 g / 2 oz / ½ kop valnødder, hakket

50 g / 2 oz / 1/3 kop sultanas (gyldne rosiner)

50 g / 2 oz / 1/3 kop flormelis, sigtet


Kog risene i rigeligt saltet kogende vand i cirka 15 minutter, indtil de er møre, og dræn derefter, skyl i koldt vand og afdryp igen. Bland appelsinjuice, sukker, æg, smeltet smør eller margarine og alt undtagen 2,5 ml / ½ tsk appelsinskal - gem resten og saften til toppingen (glasuren). Bland mel, bagepulver, natron og salt og tilsæt til sukkerblandingen. Tilsæt ris, valnødder og sultanas. Hæld blandingen i to smurte 900g / 2lb brødforme (bagepander) og bag i en forvarmet ovn ved 180 °C / 350 °F / gasmærke 4 i 1 time, indtil et spyd, der er sat i midten, kommer rent ud. Lad den køle af i formene i 10 minutter og sæt den derefter i ovnen for at blive færdig med afkøling.

Bland flormelis med den reserverede appelsinskal og nok af saften til at lave en glat, tyk pasta. Dryp over bollerne og lad stå. Server i skiver og med smør.

# *Krøllet sukkerbolle*

Giver omkring 10

50 g / 2 oz frisk gær eller 75 ml / 5 spsk tørgær

75 g / 3 oz / 1/3 kop blødt brun farin

300 ml / ½ pt / 1¼ kopper varmt vand

175 g / 6 oz / 1 kop ribs

25 g / 1 oz / 3 spsk udstenede dadler (udstenede), hakket

45 ml / 3 spiseskefulde appelsinjuice

450 g / 1 lb / 4 kopper fuldkornshvedemel (fuld hvede)

2,5 ml / ½ tsk salt

25 g / 1 oz / ¼ kop pulveriseret mælk (skummetmælkspulver)

15 ml / 1 spsk hakkede krydderier (æblekage)

75 g / 3 oz / 1/3 kop smør eller margarine

15 ml / 1 spsk revet appelsinskal

1 æg

Til fyldet:

30 ml / 2 spsk olie

75 g / 3 oz / 1/3 kop demerara sukker

Til glasuren:

15 ml / 1 spsk klar honning

30 ml / 2 spsk hakkede valnødder


Pisk gæren med lidt farin og lidt varmt vand og lad det stå et lunt sted i 20 minutter, indtil det skummer. Udblød ribs og dadler i appelsinsaften. Bland mel, salt, mælkepulver og krydderier. Passer smørret eller margarinen, saml appelsinskallen og lav et hul i midten. Tilsæt gærblandingen, resten af det varme vand og ægget og rør til du har en jævn dej. Læg i en oliesmurt skål, dæk med olieret plastfolie (plastfolie) og lad stå et lunt sted i 1 time, indtil den er dobbelt så stor.

Rul dejen ud på en let meldrysset overflade til et stort rektangel. Pensl med olivenolie og drys med demerarasukker. Rul sammen som en schweizerrulle (Jello) og skær i skiver på ca. 40 minutter. Bages i en forvarmet ovn ved 230°C/450°F/gasmærke 8 i 15 minutter, indtil de er godt hævet. Pensl med honning, drys med valnødder og lad afkøle.

# Selkirk Bannock

Giver et brød på 450 g / 1 lb

Til masse:

225 g / 8 oz / 2 kopper almindeligt mel (all-purpose)

En smule salt

50 g / 2 oz / ¼ kop spæk (afkortning)

150 ml / ¼ pt / 2/3 kop mælk

15 g / ½ oz frisk gær eller 20 ml / 4 tsk tørgær

50 g / 2 oz / ¼ kop strøsukker (superfint)

100 g / 4 oz / 2/3 kop sultanas (gyldne rosiner)

Til glasuren:

25 g / 1 oz / 2 spsk strøsukker (superfint)

30 ml / 2 spsk vand

For at lave dejen blandes mel og salt. Smelt svinefedtet, tilsæt mælken og bring det til blodbålet. Drys med gær og tilsæt 5 ml / 1 tsk sukker. Lad stå i cirka 20 minutter indtil skum. Lav en fordybning i midten af melet og hæld gærblandingen i. Tilsæt gradvist melet og ælt i 5 minutter. Dæk til og stil et lunt sted i 1 time for at hæve. Overfør til en meldrysset overflade og tilsæt sultanas og det resterende sukker. Form til en stor cirkel og læg den på en smurt bageplade. Dæk til med olieret plastfolie (plastfolie) og lad stå et lunt sted til dobbelt størrelse. Bages i en forvarmet ovn ved 220°C/425°F/gasmærke 7 i 15 minutter. Reducer ovntemperaturen til 190 °C / 375 °F / gasmærke 5 og bag i yderligere 25 minutter.

# Sultana og johannesbrød

Giver et brød på 900 g / 2 lb

150 g / 5 oz / 1¼ kopper fuldkornshvedemel (fuld hvede)

15 ml / 1 spsk bagepulver

25 g / 1 oz / ¼ kop johannesbrødpulver

50 g / 2 oz / ½ kop havre

50 g / 2 oz / ¼ kop smør eller margarine, blødgjort

175 g / 6 oz / 1 kop sultanas (gyldne rosiner)

2 sammenpisket æg

150 ml / ¼ pt / 2/3 kop mælk

60 ml / 4 spiseskefulde olie

Bland de tørre ingredienser. Smør med smør eller margarine og tilsæt sultanas. Pisk æg, mælk og olie og bland i melblandingen til en blød dej. Form til en smurt 900 g / 2 lb brødform (bradepande) og bag i en forvarmet ovn ved 180 °C / 350 °F / gasmærke 4 i 1 time, indtil den er fast at røre ved.

# *Sultana og appelsinbrød*

Giver to 450 g / 1 lb brød

### Til masse:

450 g / 1 lb / 4 kopper fuldkornshvedemel (fuld hvede)

20 ml / 4 tsk bagepulver

75 g / 3 oz / 1/3 kop blødt brun farin

5 ml / 1 tsk salt

2,5 ml / ½ tsk stødt æble

75 g / 3 oz / 1/3 kop vegetabilsk afkortning (fedt)

3 æggehvider

300 ml / ½ pt / 1¼ kopper mælk

### Til fyldet:

175 g / 6 oz / 1½ kopper fuldkornskagekrummer (fuld hvede)

50 g / 2 oz / ½ kop malede mandler

50 g / 2 oz / ¼ kop blødt brun farin

100 g / 4 oz / 2/3 kop sultanas (gyldne rosiner)

30 ml / 2 spsk appelsinjuice

1 æg, let pisket

### Til glasuren:

15 ml / 1 spiseskefuld honning

For at lave dejen blandes de tørre ingredienser og rulles i fedtstoffet. Bland æggehviderne med mælken og bland i blandingen, indtil du får en blød, smidig dej. Kombiner fyldets ingredienser, brug lige nok af ægget til at få en smørbar konsistens. Rul dejen ud på en let meldrysset overflade til et rektangel på 20 x 30 cm / 8 x 10. Fordel fyldet over det hele undtagen de øverste 2,5 cm / 1 langs den lange kant. Rul op fra modsatte kant som en schweizisk (Jello) rulle, og fugt flad strimmel dej for at forsegle. Fugt hver ende og form rullen til en cirkel, der forsegler enderne. Med en skarp saks laver du små snit på toppen for at dekorere. Læg dem på en smurt bageplade og pensl med det resterende æg. Lad hvile i 15 minutter.

Bages i en forvarmet ovn ved 230°C/450°F/gasmærke 8 i 25 minutter, indtil de er gyldenbrune. Pensl med honning og lad afkøle.

# Sultana og sherrybrød

Giver et brød på 900 g / 2 lb

225 g / 8 oz / 1 kop usaltet smør eller margarine (sød), blødgjort

225 g / 8 oz / 1 kop blødt brun farin

4 æg

45 ml / 3 spsk sød sherry

5 ml / 1 tsk vaniljeessens (ekstrakt)

200 g / 7 oz / 1¾ kopper almindeligt mel (all-purpose)

En smule salt

75 g / 3 oz / ½ kop sultanas (gyldne rosiner)

50 g / 2 oz / 1/3 kop udstenede dadler, hakket

50 g / 2 oz / 1/3 kop tørrede figner, skåret i tern

50 g / 2 oz / ½ kop hakkede blandede skræller (kandiserede)

Pisk smør eller margarine og sukker let og luftigt. Tilsæt gradvist æggene, derefter sherry og vaniljeessens. Bland mel og salt med frugten, tilsæt derefter blandingen og bland godt. Hæld i en smurt og meldrysset 900g/2lb brødform (bradepande) og sæt i en forvarmet ovn ved 180°C / 350°F / gasmærke 4 i 1 time. Afkøl i gryden i 10 minutter, og læg derefter på en rist for at afslutte afkølingen.

# Country House tebrød

Giver to 450 g / 1 lb brød

### Til masse:

25 g / 1 oz frisk gær eller 40 ml / 2½ spsk tørgær

15 ml / 1 spsk blødt brun farin

300 ml / ½ pt / 1¼ kopper varmt vand

15 ml / 1 spsk smør eller margarine

450 g / 1 lb / 4 kopper fuldkornshvedemel (fuld hvede)

15 ml / 1 spsk mælkepulver (skummetmælkspulver)

5 ml / 1 tsk malede krydderier (æblekage)

2,5 ml / ½ tsk salt

1 æg

175 g / 6 oz / 1 kop ribs

100 g / 4 oz / 2/3 kop sultanas (gyldne rosiner)

50 g / 2 oz / 1/3 kop rosiner

50 g / 2 oz / 1/3 kop hakket blandet bark (kandiseret)

### Til glasuren:

15 ml / 1 spsk citronsaft

15 ml / 1 spsk vand

En knivspids hakkede krydderier (æblekage)

For at lave dejen, pisk gæren med sukkeret med lidt varmt vand og lad den stå et lunt sted i 10 minutter, indtil den er skummende.

Hæld smørret eller margarinen i melet, tilsæt pulvermælken, bland krydderierne og salt og lav et hul i midten. Tilsæt ægget, gærblandingen og resten af det varme vand og bland indtil du får en dej. Ælt indtil glat og elastisk. Arbejd på rosiner, sultanas, rosiner og blandede skræller. Læg i en oliesmurt skål, dæk med olieret plastfolie (plastfolie) og lad stå et lunt sted i 45 minutter. Form til to 450 g / 1 lb smurte brødforme (pander). Dæk til med olieret plastfolie og lad det stå et lunt sted i 15 minutter. Bages i en forvarmet ovn ved 220°C/425°F/gasmærke 7 i 30 minutter, indtil de er gyldenbrune. Fjern fra dåse.

# *Havregryn og Rosin Cookies*

for 20 år siden

175 g / 6 oz / ¾ kop almindeligt mel (all-purpose)

150 g / 5 oz / 1¼ kop havregryn

5 ml / 1 tsk pulveriseret ingefær

2,5 ml / ½ tsk bagepulver

2,5 ml / ½ tsk natron (bagepulver)

100 g / 4 oz / ½ kop blødt brun farin

50 g / 2 oz / 1/3 kop rosiner

1 æg, let pisket

150 ml / ¼ pt / 2/3 kop olie

60 ml / 4 spsk mælk

Bland de tørre ingredienser, tilsæt rosinerne og lav en brønd i midten. Tilsæt æg, olie og mælk og bland indtil du får en blød dej. Kom skefulde af blandingen på en usmurt bageplade og flad let med en gaffel. Bages i en forvarmet ovn ved 200°C/400°F/gasmærke 6 i 10 minutter, indtil de er gyldenbrune.

# Krydrede havrekiks

30 år siden

100 g / 4 oz / ½ kop smør eller margarine, blødgjort

100 g / 4 oz / ½ kop blødt brun farin

100 g / 4 oz / ½ kop strøsukker (superfint)

1 æg

2,5 ml / ½ tsk vaniljeessens (ekstrakt)

100 g / 4 oz / 1 kop almindeligt mel (all-purpose)

2,5 ml / ½ tsk natron (bagepulver)

En smule salt

5 ml / 1 tsk kanelpulver

En knivspids revet muskatnød

100 g / 4 oz / 1 kop havregryn

50 g / 2 oz / ½ kop hakkede blandede nødder

50 g / 2 oz / ½ kop chokoladechips

Pisk smør eller margarine og sukkeret let og luftigt. Tilsæt gradvist æg og vaniljeessens. Bland mel, natron, salt og krydderier og tilsæt blandingen. Tilsæt havre, nødder og chokoladechips. Læg afrundede teskefulde på en smurt (kiks) bageplade og bag kiksene (kiksene) i en forvarmet ovn ved 180 °C / 350 °F / gasmærke 4 i 10 minutter, indtil de er let gyldenbrune.

# hele havrekager

24 år siden

100 g / 4 oz / ½ kop smør eller margarine

200 g / 7 oz / 1¾ kopper havregryn

75 g / 3 oz / ¾ kop fuldkornshvedemel (fuld hvede)

50 g / 2 oz / ½ kop almindeligt mel (all-purpose)

5 ml / 1 tsk bagepulver

50 g / 2 oz / ¼ kop demerara sukker

1 æg, let pisket

30 ml / 2 spsk mælk

Gnid smørret eller margarinen ind i havregryn, mel og bagepulver, indtil blandingen minder om brødkrummer. Tilsæt sukker og bland derefter æg og mælk til en stiv dej. Rul dejen ud på en let meldrysset overflade til ca. 1 cm / ½ tykkelse og skær den i runde stykker med en 5 cm / 2 tommer skærer. Læg småkagerne (cookies) på en smurt bageplade (cookie) og bag dem i en forvarmet ovn ved 190 ° C / 375 ° F / gasmærke 5 i cirka 15 minutter, indtil de er gyldenbrune.

# Orange småkager

24 år siden

100 g / 4 oz / ½ kop smør eller margarine, blødgjort

50 g / 2 oz / ¼ kop strøsukker (superfint)

Revet skal af 1 appelsin

150 g / 5 oz / 1¼ kop selvhævende mel (selvhævende)

Pisk smør eller margarine og sukker let og luftigt. Tilsæt appelsinskallen og bland melet til du får en stiv blanding. Form til store kugler på størrelse med valnød og anbring godt fra hinanden på en smurt (kiks) bageplade og tryk let ned med en gaffel for at jævne ud. Bag kagerne i en forvarmet ovn ved 180 ° C / 350 ° F / gasmærke 4 i 15 minutter, indtil de er gyldenbrune.

# Appelsin- og citronkiks

30 år siden

50 g / 2 oz / ¼ kop smør eller margarine, blødgjort

75 g / 3 oz / 1/3 kop strøsukker (superfint)

1 æggeblomme

revet skal af ½ appelsin

15 ml / 1 spsk citronsaft

150 g / 5 oz / 1¼ kopper almindeligt mel (all-purpose)

2,5 ml / ½ tsk bagepulver

En smule salt

Pisk smør eller margarine og sukker let og luftigt. Tilsæt gradvist æggeblomme, appelsinskal og citronsaft, og tilsæt derefter mel, bagepulver og salt for at få en stiv dej. Pakk ind og husholdningsfilm (husholdningsfilm) og stil på køl i 30 minutter.

Rul ud på en let meldrysset overflade til ca. 5 mm/¼ tyk og skær i forme med en udstikker. Læg småkagerne på en smurt bageplade og bag dem i en forvarmet ovn ved 190 °C / 375 °F / gasmærke 5 i 10 minutter.

# Appelsin og nødde cookies

16 år siden

100 g / 4 oz / ½ kop smør eller margarine

75 g / 3 oz / 1/3 kop strøsukker (superfint)

revet skal af ½ appelsin

150 g / 5 oz / 1¼ kop selvhævende mel (selvhævende)

50 g / 2 oz / ½ kop valnødder, malede

Pisk smør eller margarine med 50 g / 2 oz / ¼ kop sukker og appelsinskal indtil glat og cremet. Tilsæt mel og valnødder og pisk igen, indtil blandingen begynder at samle sig. Form kugler og fordel ud over en smurt bageplade (kiks). Bag kagerne i en forvarmet ovn ved 190 °C / 375 °F / gasmærke 5 i 10 minutter, indtil de er gyldne rundt om kanterne. Drys med det reserverede sukker og lad det køle lidt af, før det overføres til en rist for at afkøle.

# *Appelsin og chokoladekiks*

30 år siden

50 g / 2 oz / ¼ kop smør eller margarine, blødgjort

75 g / 3 oz / 1/3 kop spæk (fedt)

175 g / 6 oz / ¾ kop blødt brun farin

100 g / 7 oz / 1¾ kopper fuldkornshvedemel (fuld hvede)

75 g / 3 oz / ¾ kop malede mandler

10 ml / 2 tsk bagepulver

75 g / 3 oz / ¾ kop chokoladechips

Revet skal af 2 appelsiner

15 ml / 1 spsk appelsinjuice

1 æg

Strøsukker (superfint) til drys

Pisk smør eller margarine, spæk og brun farin, til det er lyst og luftigt. Tilsæt de resterende ingredienser, undtagen det raffinerede sukker og bland, indtil det danner en dej. Rul ud på en meldrysset overflade til en tykkelse på 5 mm/¼ og skær i småkager med en udstikker. Arranger på en smurt bageplade og bag i en forvarmet ovn ved 180 °C / 350 °F / gasmærke 4 i 20 minutter, indtil de er gyldenbrune.

# *Krydrede appelsinkiks*

For 10 år siden

225 g / 8 oz / 2 kopper almindeligt mel (all-purpose)

2,5 ml / ½ tsk kanelpulver

Et skvæt blandet krydderi (æblekage)

75 g / 3 oz / 1/3 kop strøsukker (superfint)

150 g / 5 oz / 2/3 kop smør eller margarine, blødgjort

2 æggeblommer

Revet skal af 1 appelsin

75 g / 3 oz / ¾ kop almindelig chokolade (halvsød)

Bland mel og krydderier og tilsæt sukker. Tilsæt smør eller margarine, æggeblommerne og appelsinskallen og bland indtil du får en jævn dej. Pak ind i clingfim (plastfolie) og stil på køl i 1 time.

Læg dejen i en kagepose udstyret med en stor stjerneformet dyse (spids) og rørstykkerne på en smurt bageplade (kiks). Bages i en forvarmet ovn ved 190°C/375°F/gasmærke 5 i 10 minutter, indtil de er gyldenbrune. Lad afkøle.

Smelt chokoladen i en varmefast skål over en gryde med kogende vand. Dyp enderne af småkagerne i den smeltede chokolade og lad dem stå på en bageplade, indtil de stivner.

# Jordnøddesmør cookies

18 år siden

100 g / 4 oz / ½ kop smør eller margarine, blødgjort

100 g / 4 oz / ½ kop strøsukker (superfint)

100 g / 4 oz / ½ kop sprødt eller blødt jordnøddesmør

60 ml / 4 spsk gylden sirup (lys majs)

15 ml / 1 spsk mælk

175 g / 6 oz / 1½ kop almindeligt mel (all-purpose)

2,5 ml / ½ tsk natron (bagepulver)

Pisk smør eller margarine og sukker let og luftigt. Rør jordnøddesmør i, efterfulgt af sirup og mælk. Bland mel og bagepulver og pisk i blandingen og ælt til det er glat. Form til en bjælke og stil den på køl, indtil den er fast.

Skær i skiver 5 mm / ¼ tykke og læg dem på en let olieret bageplade. Bag kagerne i en forvarmet ovn ved 180°C / 350°F / gasmærke 4 i 12 minutter, indtil de er gyldenbrune.

# Jordnøddesmør og chokolade hvirvler

24 år siden

50 g / 2 oz / ¼ kop smør eller margarine, blødgjort

50 g / 2 oz / ¼ kop blødt brun farin

50 g / 2 oz / ¼ kop strøsukker (superfint)

50 g / 2 oz / ¼ kop almindeligt jordnøddesmør

1 æggeblomme

75 g / 3 oz / ¾ kop almindeligt mel (all-purpose)

2,5 ml / ½ tsk natron (bagepulver)

50 g / 2 oz / ½ kop almindelig chokolade (halvsød)

Pisk smør eller margarine og sukkeret let og luftigt. Bland gradvist jordnøddesmørret i og derefter æggeblommen. Bland mel og bagepulver og pisk blandingen til en fast dej. Smelt imens chokoladen i en varmefast skål over en gryde med kogende vand. Rul dejen ud til 30 x 46 cm og fordel den smeltede chokolade næsten ud til kanterne. Rul sammen på langsiden, pak ind i plastfolie (plastfolie) og stil på køl, indtil det er fast.

Skær rullen i ¼/5 mm skiver og anbring den på en usmurt (kiks) bageplade. Bages i en forvarmet ovn ved 180°C/350°F/gasmærke 4 i 10 minutter, indtil de er gyldenbrune.

# *Havre jordnøddesmør cookies*

24 år siden

75 g / 3 oz / 1/3 kop smør eller margarine, blødgjort

75 g / 3 oz / 1/3 kop jordnøddesmør

150 g / 5 oz / 2/3 kop blødt brun farin

1 æg

50 g / 2 oz / ½ kop almindeligt mel (all-purpose)

2,5 ml / ½ tsk bagepulver

En smule salt

Et par dråber vaniljeessens (ekstrakt)

75 g / 3 oz / ¾ kop havregryn

40 g / 1½ oz / 1/3 kop chokoladechips

Pisk smør eller margarine, jordnøddesmør og sukker til det er lyst og luftigt. Tilsæt ægget lidt efter lidt. Bland mel, gær og salt. Tilsæt vaniljeessens, havregryn og chokoladechips. Læg skefulde på en smurt (kiks) bageplade og bag kiksene (kiksene) i en forvarmet ovn ved 180 °C / 350 °F / gasmærke 4 i 15 minutter.

# Kokoshonning Peanut Butter Cookies

24 år siden

120 ml / 4 fl oz / ½ kop olie

175 g / 6 oz / ½ kop klar honning

175 g / 6 oz / ¾ kop knasende jordnøddesmør

1 sammenpisket æg

100 g / 4 oz / 1 kop havregryn

225 g / 8 oz / 2 kopper fuldkornshvedemel (fuld hvede)

50 g / 2 oz / ½ kop tørret kokosnød (revet)

Pisk olie, honning, jordnøddesmør og æg sammen og tilsæt de resterende ingredienser. Fordel skefulde på en smurt (kiks) bageplade og flad let til ca. ¼/6 mm tyk. Bag kagerne i en forvarmet ovn ved 180°C / 350°F / gasmærke 4 i 12 minutter, indtil de er gyldenbrune.

# *pekannøddekager*

24 år siden

100 g / 4 oz / ½ kop smør eller margarine, blødgjort

45ml / 3 spsk blødt brun farin

100 g / 4 oz / 1 kop almindeligt mel (all-purpose)

En smule salt

5 ml / 1 tsk vaniljeessens (ekstrakt)

100 g / 4 oz / 1 kop pecannødder, finthakkede

Flormelis, sigtet, til drys

Pisk smør eller margarine og sukker let og luftigt. Tilsæt gradvist de resterende ingredienser, undtagen flormelis. Form til 3 cm / 1½ cm kugler og læg dem på en smurt (kiks) bageplade. Bag kagerne i en forvarmet ovn ved 160 °C / 325 °F / gasmærke 3 i 15 minutter, indtil de er gyldenbrune. Server drysset med flormelis.

# *pinwheel cookies*

24 år siden

175 g / 6 oz / 1½ kop almindeligt mel (all-purpose)

5 ml / 1 tsk bagepulver

En smule salt

75 g / 3 oz / 1/3 kop smør eller margarine

75 g / 3 oz / 1/3 kop strøsukker (superfint)

Et par dråber vaniljeessens (ekstrakt)

20 ml / 4 tsk vand

10 ml / 2 tsk kakao (usødet chokolade) pulver

Pisk mel, bagepulver og salt sammen, og rul derefter i smør eller margarine, indtil blandingen minder om brødkrummer. Tilsæt sukkeret. Tilsæt vaniljeessens og vand og bland indtil du får en jævn dej. Form en kugle og skær i halve. Vend kakaoen i halvdelen af dejen. Rul hvert stykke dej til et rektangel på 25 x 18 cm / 10 x 7 cm og læg det ene oven på det andet. Rul dem forsigtigt sammen. Rul dejen på langsiden og tryk forsigtigt ned. Pak ind i plastfolie (plastfolie) og stil på køl i cirka 30 minutter.

Skær i skiver 2,5 cm / 1 cm tykke og anbring dem godt fra hinanden på en smurt (kiks) bageplade. Bag kagerne i en forvarmet ovn ved 180 ° C / 350 ° F / gasmærke 4 i 15 minutter, indtil de er gyldenbrune.

# *Hurtige kærnemælkskiks*

12 år siden

75 g / 3 oz / 1/3 kop smør eller margarine

225 g / 8 oz / 2 kopper almindeligt mel (all-purpose)

15 ml / 1 spsk bagepulver

2,5 ml / ½ tsk salt

175 ml kærnemælk / 6 fl oz / ¾ kop kærnemælk

Konditorsukker, sigtet, til drys (valgfrit)

Gnid smør eller margarine ind i mel, bagepulver og salt, indtil blandingen minder om brødkrummer. Tilsæt lidt efter lidt kærnemælken for at lave en blød dej. Rul blandingen ud på en let meldrysset overflade til ca. ¾/2 cm tyk og skær den i runde stykker med en udstikker. Læg småkagerne på en smurt bageplade og bag dem i en forvarmet ovn ved 230°C / 450°F / gasmærke 8 i 10 minutter, indtil de er gyldenbrune. Drys eventuelt med flormelis.

# *rosin cookies*

24 år siden

100 g / 4 oz / ½ kop smør eller margarine, blødgjort

50 g / 2 oz / ¼ kop strøsukker (superfint)

Revet skal af 1 citron

50 g / 2 oz / 1/3 kop rosiner

150 g / 5 oz / 1¼ kop selvhævende mel (selvhævende)

Pisk smør eller margarine og sukker let og luftigt. Tilsæt citronskal og rør rosiner og mel i, så det bliver en stiv blanding. Form til store kugler på størrelse med valnød og anbring godt fra hinanden på en smurt (kiks) bageplade og tryk let ned med en gaffel for at jævne ud. Bag kagerne i en forvarmet ovn ved 180 ° C / 350 ° F / gasmærke 4 i 15 minutter, indtil de er gyldenbrune.

# Kiks med bløde rosiner

36 år siden

100 g / 4 oz / 2/3 kop rosiner

90 ml / 6 spsk kogende vand

50 g / 2 oz / ¼ kop smør eller margarine, blødgjort

175 g / 6 oz / ¾ kop strøsukker (superfint)

1 æg, let pisket

2,5 ml / ½ tsk vaniljeessens (ekstrakt)

175 g / 6 oz / 1½ kop almindeligt mel (all-purpose)

2,5 ml / ½ tsk bagepulver

1,5 ml / ¼ tsk bagepulver (bagepulver)

2,5 ml / ½ tsk salt

2,5 ml / ½ tsk kanelpulver

En knivspids revet muskatnød

50 g / 2 oz / ½ kop hakkede blandede nødder

Kom rosinerne og det kogende vand i en gryde, bring det i kog, læg låg på og kog i 3 minutter. Lad afkøle. Pisk smør eller margarine og sukker let og luftigt. Tilsæt gradvist æg og vaniljeessens. Rør mel, bagepulver, natron, salt og krydderier i skiftevis med rosiner og bouillon. Tilsæt valnødderne og pisk indtil du får en blød dej. Pak ind i plastfolie (plastfolie) og stil på køl i mindst 1 time.

Læg skefulde dej på en smurt (kiks) bageplade og bag kiksene (kiksene) i en forvarmet ovn ved 180 °C / 350 °F / gasmærke 4 i 10 minutter, indtil de er gyldenbrune.

# Skiver af rosiner og melasse

24 år siden

25 g / 1 oz / 2 spsk smør eller margarine, blødgjort

100 g / 4 oz / ½ kop strøsukker (superfint)

1 æggeblomme

30 ml / 2 spsk. blackstrap melasse (melasse)

75 g / 3 oz / ½ kop ribs

150 g / 5 oz / 1¼ kopper almindeligt mel (all-purpose)

5 ml / 1 tsk natron (bagepulver)

5 ml / 1 tsk kanelpulver

En smule salt

30 ml / 2 spsk kold sort kaffe

Pisk smør eller margarine og sukker let og luftigt. Pisk gradvist æggeblomme og melasse i, og tilsæt derefter ribs. Bland mel, natron, kanel og salt og tilsæt blandingen med kaffen. Dæk til og stil blandingen på køl.

Rul ud til en 30 cm / 12 firkant, og rul derefter til en træstamme. Placer på en smurt bageplade og bag i en forvarmet ovn ved 180°C/350°F/gasmærke 4 i 15 minutter, indtil den er fast at røre ved. Skær i skiver og lad afkøle på en rist.

# *Ratafia kiks*

16 år siden

100 g / 4 oz / ½ kop granuleret sukker

50 g / 2 oz / ¼ kop malede mandler

15 ml / 1 spsk malet ris

1 æggehvide

25 g / 1 oz / ¼ kop mandler i flager (flager)

Bland sukker, malede mandler og malede ris. Tilsæt æggehviderne og fortsæt med at piske i 2 minutter. Rul småkager på størrelse med valnød på en bageplade beklædt med rispapir ved hjælp af en ¼/5 mm almindelig dyse. Læg en mandelflager oven på hver småkage. Bages i en forvarmet ovn ved 190°C/375°F/gasmærke 5 i 15 minutter, indtil de er gyldenbrune.

# Ris og myslikiks

24 år siden

75 g / 3 oz / ¼ kop kogte brune ris

50 g / 2 oz / ½ kop müsli

75 g / 3 oz / ¾ kop fuldkornshvedemel (fuld hvede)

2,5 ml / ½ tsk salt

2,5 ml / ½ tsk natron (bagepulver)

5 ml / 1 tsk malede krydderier (æblekage)

30 ml / 2 spsk klar honning

75 g / 3 oz / 1/3 kop smør eller margarine, blødgjort

Bland ris, mysli, mel, salt, natron og blandede krydderier. Pisk honning og smør eller margarine til det er luftigt. Pisk risblandingen i. Form blandingen til kugler på størrelse med valnødder og læg dem godt fra hinanden på smurte bageplader (kiks). Flad let og sæt i en forvarmet 190°C/375°F/gasovn, mærke 5, i 15 minutter eller indtil gyldenbrun. Lad afkøle i 10 minutter, og flyt derefter over på en rist for at afslutte afkølingen. Opbevares i en lufttæt beholder.

# Romany cremer

For 10 år siden

25 g / 1 oz / 2 spsk spæk (afkortning)

25 g / 1 oz / 2 spsk smør eller margarine, blødgjort

50 g / 2 oz / ¼ kop blødt brun farin

2,5 ml / ½ tsk gylden sirup (lys majs)

50 g / 2 oz / ½ kop almindeligt mel (all-purpose)

En smule salt

25 g / 1 oz / ¼ kop havregryn

2,5 ml / ½ tsk malede krydderier (æblekage)

2,5 ml / ½ tsk natron (bagepulver)

10 ml / 2 tsk kogende vand

Smørglasur

Pisk spæk, smør eller margarine og sukker, indtil du får en let og luftig creme. Tilsæt siruppen, tilsæt mel, salt, havre og krydderier blandet sammen og rør til det er godt blandet. Opløs natron i vandet og bland til en fast dej. Form til 20 lige store kugler og læg dem godt adskilt på smurte bageplader (kiks). Flad let med håndfladen. Bages i en forvarmet ovn ved 160°C/325°F/gasmærke 3 i 15 minutter. Lad afkøle på bageplader. Når det er afkølet, laver du en sandwich med småkagerne sammen med smørovertrækket (glasuren).

# *sandkager*

48 år siden

100 g / 4 oz / ½ kop smør eller hård margarine, blødgjort

225 g / 8 oz / 1 kop blødt brun farin

1 æg, let pisket

225 g / 8 oz / 2 kopper almindeligt mel (all-purpose)

æggehvide til glasur

30 ml / 2 spsk knuste jordnødder

Pisk smør eller margarine og sukker let og luftigt. Tilsæt ægget og tilsæt melet. Rul tyndt ud på en let meldrysset overflade og skær i forme med en kagedåse. Læg småkagerne på en smurt bageplade, pensl toppen med æggehvide og drys med peanuts. Bages i en forvarmet ovn ved 180°C/350°F/gasmærke 4 i 10 minutter, indtil de er gyldenbrune.

## *cremefraiche cookies*

24 år siden

50 g / 2 oz / ¼ kop smør eller margarine, blødgjort

175 g / 6 oz / ¾ kop strøsukker (superfint)

1 æg

60 ml / 4 spsk creme fraiche (mælkesyre)

2,5 ml / ½ tsk vaniljeessens (ekstrakt)

150 g / 5 oz / 1¼ kopper almindeligt mel (all-purpose)

2,5 ml / ½ tsk bagepulver

75 g / 3 oz / ½ kop rosiner

Pisk smør eller margarine og sukker let og luftigt. Tilsæt gradvist æg, fløde og vaniljeessens. Bland mel, bagepulver og rosiner og rør i blandingen, indtil den er meget glat. Fordel afrundede teskefulde af blandingen på let smurte bageplader (småkager) og bag dem i en forvarmet ovn ved 180°C / 350°F / gasmærke 4 i ca. 10 minutter, indtil de er gyldenbrune.

# *brun farin cookies*

24 år siden

100 g / 4 oz / ½ kop smør eller margarine, blødgjort

100 g / 4 oz / ½ kop blødt brun farin

1 æg, let pisket

2,5 ml / 1 tsk vaniljeessens (ekstrakt)

150 g / 5 oz / 1¼ kopper almindeligt mel (all-purpose)

2,5 ml / ½ tsk natron (bagepulver)

En smule salt

75 g / 3 oz / ½ kop sultanas (gyldne rosiner)

Pisk smør eller margarine og sukker let og luftigt. Tilsæt gradvist æg og vaniljeessens. Bland de resterende ingredienser, indtil det er glat. Læg afrundede teskefulde bredt fra hinanden på en let smurt bageplade. Bag kagerne i en forvarmet ovn ved 180°C / 350°F / gasmærke 4 i 12 minutter, indtil de er gyldenbrune.

# Sukker og muskatnød cookies

24 år siden

50 g / 2 oz / ¼ kop smør eller margarine, blødgjort

100 g / 4 oz / ½ kop strøsukker (superfint)

1 æggeblomme

2,5 ml / ½ tsk vaniljeessens (ekstrakt)

150 g / 5 oz / 1¼ kopper almindeligt mel (all-purpose)

5 ml / 1 tsk bagepulver

En knivspids revet muskatnød

60 ml / 4 spsk creme fraiche (mælkesyre)

Pisk smør eller margarine og sukker let og luftigt. Tilsæt æggeblomme og vaniljeessens og tilsæt mel, bagepulver og muskatnød. Pisk fløden i, til den er glat. Dæk til og stil på køl i 30 minutter.

Rul dejen ud til 5 mm / ¼ tykkelse og skær den i 5 cm / 2 runde stykker med en udstikker. Læg småkagerne på en usmurt bageplade og bag dem i en forvarmet ovn ved 200°C / 400°F / gasmærke 6 i 10 minutter, indtil de er gyldenbrune.

## smuldrende tør kage

gør 8

150 g / 5 oz / 1¼ kopper almindeligt mel (all-purpose)

En smule salt

25 g / 1 oz / ¼ kop rismel eller malet ris

50 g / 2 oz / ¼ kop strøsukker (superfint)

100 g / 4 oz / ¼ kop smør eller hård margarine, afkølet og revet

Bland mel, salt og rismel eller malede ris. Tilsæt sukker og smør eller margarine. Arbejd blandingen med fingerspidserne, indtil den ligner brødkrummer. Tryk på en 7-tommer/18-cm sandwichpande (bradepande), og niveller toppen. Gennembor alt med en gaffel og skær i otte lige store skiver, skær til bunden. Stil på køl i 1 time.

Bages i en forvarmet ovn ved 150°C/300°F/gasmærke 2 i 1 time indtil lys stråfarve. Lad den køle af i formen, inden den tages ud.

# jule cupcake

12 år siden

175 g / 6 oz / ¾ kop smør eller margarine

250 g / 9 oz / 2¼ kopper almindeligt mel (all-purpose)

75 g / 3 oz / 1/3 kop strøsukker (superfint)

Til taget:

15 ml / 1 spsk mandler, hakkede

15 ml / 1 spsk valnødder, hakket

30 ml / 2 spiseskefulde rosiner

30 ml / 2 spsk glaserede (kandiserede) kirsebær, hakket

Revet skal af 1 citron

15 ml / 1 spsk flormelis (superfint) til drys

Gnid smørret eller margarinen ind i melet, indtil blandingen minder om brødkrummer. Tilsæt sukkeret. Pres blandingen til en pasta og ælt til den er glat. Pres ned i en smurt schweizerrulleform (Jello pan) og jævn overfladen. Bland ingredienserne til toppingen og tryk dem ned i pastaen. Markér på 12 fingre og bag i en forvarmet ovn ved 180°C / 350°F / gasmærke 4 i 30 minutter. Drys med raffineret sukker, skær i stave og lad køle af i formen.

# Honning Cookie

12 år siden

100 g / 4 oz / ½ kop smør eller margarine, blødgjort

75 g / 3 oz / ¼ kop honning sæt

200 g / 7 oz / 1¾ kopper fuldkornshvedemel (fuld hvede)

25 g / 1 oz / ¼ kop brunt rismel

Revet skal af 1 citron

Pisk smør eller margarine og honning til det er luftigt. Tilsæt mel og citronskal og arbejd indtil du får en blød dej. Tryk i en smurt og meldrysset 18 cm/7 cm kageform eller sandkageform og prik med en gaffel. Sæt 12 kiler i og krymp kanterne. Stil på køl i 1 time.

Bages i en forvarmet ovn ved 150°C/300°F/gasmærke 2 i 40 minutter, indtil de er gyldenbrune. Skær i de markerede stykker og lad afkøle i formen.

# Citronkage

12 år siden

100 g / 4 oz / 1 kop almindeligt mel (all-purpose)

50 g / 2 oz / ½ kop majsmel (majsstivelse)

100 g / 4 oz / ½ kop smør eller margarine, blødgjort

50 g / 2 oz / ¼ kop strøsukker (superfint)

Revet skal af 1 citron

Strøsukker (superfint) til drys

Sigt mel og majsstivelse sammen. Pisk smør eller margarine til det er luftigt, og tilsæt derefter strøsukkeret til det er lyst og luftigt. Tilsæt citronskal og rør melblandingen i, til den er jævn. Rul sandkagen ud til en 20 cm / 8 cirkel og læg den på en smurt (kiks) bageplade. Gennembor alt med en gaffel og krøl kanterne. Skær i 12 skiver og drys med flormelis. Stil på køl i 15 minutter. Bages i en forvarmet ovn ved 160°C/325°F/gasmærke 3 i 35 minutter, indtil de er lyse gyldenbrune. Lad afkøle på bageplade i 5 minutter, før de lægges på en rist for at afslutte afkølingen.

# *Hakkekød Sandkage*

gør 8

175 g / 6 oz / ¾ kop smør eller margarine, blødgjort

50 g / 2 oz / ¼ kop strøsukker (superfint)

225 g / 8 oz / 2 kopper almindeligt mel (all-purpose)

60 ml / 4 spsk hakket fyld

Pisk smør eller margarine og sukker til det er luftigt. Tilsæt mel og derefter farsen. Tryk på en 23 cm/7 tommer sandwichpande og niveller toppen. Gennembor alt med en gaffel og skær i otte skiver, skær til bunden. Stil på køl i 1 time.

Bages i en forvarmet ovn ved 160°C/325°F/gasmærke 3 i 1 time indtil lys stråfarve. Lad den køle af i formen, inden den tages ud.

# *valnøddesmåkage*

12 år siden

100 g / 4 oz / ½ kop smør eller margarine, blødgjort

50 g / 2 oz / ¼ kop strøsukker (superfint)

100 g / 4 oz / 1 kop almindeligt mel (all-purpose)

50 g / 2 oz / ½ kop malet ris

50 g / 2 oz / ½ kop mandler, fint hakkede

Pisk smør eller margarine og sukker let og luftigt. Bland mel og malede ris. Tilsæt valnødderne og bland indtil du får en fast dej. Ælt let indtil glat. Tryk ind i bunden af en smurt schweizerrullepande (Jello pan) og jævn overfladen. Prik alt med en gaffel. Bages i en forvarmet ovn ved 160°C/325°F/gasmærke 3 i 45 minutter, indtil de er lyse gyldenbrune. Lad det køle af i gryden i 10 minutter og skær det derefter i skiver. Lad den stå i formen for at afslutte afkøling, før den tages ud.

## *orange sandkage*

12 år siden

100 g / 4 oz / 1 kop almindeligt mel (all-purpose)

50 g / 2 oz / ½ kop majsmel (majsstivelse)

100 g / 4 oz / ½ kop smør eller margarine, blødgjort

50 g / 2 oz / ¼ kop strøsukker (superfint)

Revet skal af 1 appelsin

Strøsukker (superfint) til drys

Sigt mel og majsstivelse sammen. Pisk smør eller margarine til det er luftigt, og tilsæt derefter strøsukkeret til det er lyst og luftigt. Tilsæt appelsinskallen og tilsæt melblandingen til den er meget homogen. Rul sandkagen ud til en 20 cm / 8 cirkel og læg den på en smurt (kiks) bageplade. Gennembor alt med en gaffel og krøl kanterne. Skær i 12 skiver og drys med flormelis. Stil på køl i 15 minutter. Bages i en forvarmet ovn ved 160°C/325°F/gasmærke 3 i 35 minutter, indtil de er lyse gyldenbrune. Lad afkøle på bageplade i 5 minutter, før de lægges på en rist for at afslutte afkølingen.

# Rich Man Butter Cookie

36 år siden

Til basen:

225 g / 8 oz / 1 kop smør eller margarine

275 g / 10 oz / 2½ kopper almindeligt mel (all-purpose)

100 g / 4 oz / ½ kop strøsukker (superfint)

Til fyldet:

225 g / 8 oz / 1 kop smør eller margarine

225 g / 8 oz / 1 kop blødt brun farin

60 ml / 4 spsk gylden sirup (lys majs)

400 g kondenseret mælk på dåse

Et par dråber vaniljeessens (ekstrakt)

Til taget:

225 g / 8 oz / 2 kopper almindelig chokolade (halvsød)

For at lave bunden dypper du smør eller margarine i melet, tilsæt sukker og ælt indtil du får en fast dej. Tryk ind i bunden af en smurt schweizerrullepande (Jello-pande) foret med aluminiumsfolie. Bages i en forvarmet ovn ved 180°C/350°F/gasmærke 4 i 35 minutter, indtil de er gyldenbrune. Lad den køle af i formen.

For at lave fyldet, smelt smør eller margarine, sukker, sirup og kondenseret mælk i en gryde ved svag varme under konstant omrøring. Bring i kog og kog ved svag varme under konstant omrøring i 7 minutter. Fjern fra varmen, tilsæt vaniljeessens og pisk godt. Hæld over bunden og lad afkøle og stivne.

Smelt chokoladen i en varmefast skål over en gryde med kogende vand. Fordel over karamellaget og skær i mønstre med en gaffel. Lad afkøle og stivne, og skær derefter i firkanter.

## *fuld havre sandkage*

For 10 år siden

100 g / 4 oz / ½ kop smør eller margarine

150 g / 5 oz / 1¼ kopper fuldkornshvedemel (fuld hvede)

25 g / 1 oz / ¼ kop havremel

50 g / 2 oz / ¼ kop blødt brun farin

Gnid smørret eller margarinen ind i melet, indtil blandingen minder om brødkrummer. Tilsæt sukkeret og arbejd let, indtil du får en blød, smuldrende dej. Rul ud på en let meldrysset overflade til ca. 1/2 cm tykkelse og skær i 5/2 cm runde stykker med en kageudstikker. Overfør forsigtigt til en smurt bageplade og bag i en forvarmet ovn ved 150 °C / 300 °F / gasmærke 3 i cirka 40 minutter, indtil de er gyldenbrune og faste.

# *mandel hvirvler*

16 år siden

175 g / 6 oz / ¾ kop smør eller margarine, blødgjort

50 g / 2 oz / 1/3 kop flormelis, sigtet

2,5 ml / ½ tsk mandel essens (ekstrakt)

175 g / 6 oz / 1½ kop almindeligt mel (all-purpose)

8 glaserede (kandiserede) kirsebær, halveret eller i kvarte

Flormelis, sigtet, til drys

Pisk smør eller margarine og sukker. Tilsæt mandelessens og mel. Overfør blandingen til en kagepose udstyret med en stor stjerneformet dyse (spids). Rør 16 roterer på en smurt bageplade. Top hver med et stykke kirsebær. Bages i en forvarmet ovn ved 160°C/325°F/gasmærke 3 i 20 minutter, indtil de er gyldenbrune. Afkøl i 5 minutter på bagepladen, kom derefter over på en rist og drys med flormelis.

# Chokolademarengskage

24 år siden

100 g / 4 oz / ½ kop smør eller margarine, blødgjort

5 ml / 1 tsk vaniljeessens (ekstrakt)

4 æggehvider

200 g / 7 oz / 1¾ kopper almindeligt mel (all-purpose)

50 g / 2 oz / ¼ kop strøsukker (superfint)

45 ml / 3 spsk kakao (sukkerfri chokolade) pulver

100 g / 4 oz / 2/3 kop flormelis (konditorsukker), sigtet

Pisk smør eller margarine, vaniljeessens og to æggehvider. Bland mel, sukker og kakao og pisk gradvist smørblandingen i. Tryk i en smurt 30 cm / 12 cm firkantet kageform. Pisk de resterende æggehvider sammen med flormelis og fordel ud over toppen. Bages i en forvarmet ovn ved 190°C/375°F/gasmærke 5 i 20 minutter, indtil de er gyldenbrune. Skær i stænger.

# Biscuit mennesker

Udbytte omkring 12

100 g / 4 oz / ½ kop smør eller margarine, blødgjort

100 g / 4 oz / ½ kop strøsukker (superfint)

1 sammenpisket æg

225 g / 8 oz / 2 kopper almindeligt mel (all-purpose)

Nogle ribs og glacé (kandiserede) kirsebær

Pisk smør eller margarine og sukker. Tilsæt gradvist ægget og pisk godt. Rør melet i med en metalske. Rul blandingen ud på en let meldrysset overflade til ca. 5 mm / ¼ tyk. Skær personerne ud med en kageudstikker (kiks) eller kniv, rul afpudsningen igen, indtil al dejen er brugt. Kom på en smurt bageplade (kiks) og pres ribs for øjne og knopper. Skær kirsebærskiver til munden. Bag småkagerne (cookies) i en forvarmet ovn ved 190°C / 375°F / gasmærke 5 i 10 minutter, indtil de er gyldenbrune. Lad afkøle på en rist.

# Iced honningkage kage

Laver to 20 cm / 8 i kager

### Til shortcaken:
225 g / 8 oz / 1 kop smør eller margarine, blødgjort

100 g / 4 oz / ½ kop strøsukker (superfint)

275 g / 10 oz / 2½ kopper almindeligt mel (all-purpose)

10 ml / 2 tsk bagepulver

10 ml / 2 tsk pulveriseret ingefær

### Til frostingen (glasuren):
50 g / 2 oz / ¼ kop smør eller margarine

15 ml / 1 spsk gylden sirup (lys majs)

100 g / 4 oz / 2/3 kop flormelis (konditorsukker), sigtet

5 ml / 1 tsk pulveriseret ingefær

For at lave shortcake, pisk smør eller margarine og sukker, indtil det er lyst og luftigt. Bland de resterende shortcake-ingredienser til en dej, del blandingen i to og tryk i to smurte 20 cm / 8 sandwich-forme. Bages i en forvarmet ovn ved 160°C / 325°F / gasmærke 3 i 40 minutter.

For at lave toppingen skal du smelte smør eller margarine og siruppen i en gryde. Tilsæt flormelis og ingefær og bland godt. Hæld over begge shortcakes og lad afkøle, og skær derefter i tern.

# shrewsbury kiks

24 år siden

100 g / 4 oz / ½ kop smør eller margarine, blødgjort

100 g / 4 oz / ½ kop strøsukker (superfint)

1 æggeblomme

225 g / 8 oz / 2 kopper almindeligt mel (all-purpose)

5 ml / 1 tsk bagepulver

5 ml / 1 tsk revet citronskal

Pisk smør eller margarine og sukker let og luftigt. Pisk gradvist æggeblommen og tilsæt derefter mel, bagepulver og citronskal, afslut med hænderne, indtil blandingen er godt bundet. Rul ud til 5 mm / ¼ tyk og skær i 6 cm / 2¼ runder med en kageudstikker. Læg småkagerne godt fra hinanden på en smurt bageplade og prik dem med en gaffel. Bages i en forvarmet ovn ved 180°C/350°F/gasmærke 4 i 15 minutter, indtil de er gyldenbrune.

## Kiks med spanske krydderier

16 år siden

90 ml / 6 spsk olivenolie

100 g / 4 oz / ½ kop granuleret sukker

100 g / 4 oz / 1 kop almindeligt mel (all-purpose)

15 ml / 1 spsk bagepulver

10 ml / 2 tsk stødt kanel

3 æg

Revet skal af 1 citron

30 ml / 2 spsk flormelis, sigtet

Varm olien op i en lille pande. Bland sukker, mel, bagepulver og kanel. Pisk æg og citronskal i en separat skål, indtil det er skummende. Bland de tørre ingredienser og olie for at opnå en homogen blanding. Hæld dejen i en velsmurt rulleform (gelatineform) og bag den i en forvarmet ovn ved 180°C / 350°F / gasmærke 4 i 30 minutter, indtil den er gyldenbrun. Fjern formen, lad afkøle, skær i trekanter og drys småkager med flormelis.

# Gammeldags krydderikiks

24 år siden

75 g / 3 oz / 1/3 kop smør eller margarine

50 g / 2 oz / ¼ kop strøsukker (superfint)

45 ml / 3 spsk blackstrap melasse (melasse)

175 g / 6 oz / ¾ kop almindeligt mel (all-purpose)

5 ml / 1 tsk kanelpulver

5 ml / 1 tsk malede krydderier (æblekage)

2,5 ml / ½ tsk pulveriseret ingefær

2,5 ml / ½ tsk natron (bagepulver)

Smelt smør eller margarine, sukker og melasse ved svag varme. Bland mel, krydderier og natron i en skål. Hæld i melasseblandingen og bland indtil godt blandet. Pisk til du får en blød dej og form små kugler. Arranger, godt adskilt, på en smurt bageplade og fastgør med en gaffel. Bag kagerne i en forvarmet ovn ved 180 °C / 350 °F / gasmærke 4 i 12 minutter, indtil de er faste og gyldne.

# *melasse cookies*

24 år siden

75 g / 3 oz / 1/3 kop smør eller margarine, blødgjort

100 g / 4 oz / ½ kop blødt brun farin

1 æggeblomme

30 ml / 2 spsk. blackstrap melasse (melasse)

100 g / 4 oz / 1 kop almindeligt mel (all-purpose)

5 ml / 1 tsk natron (bagepulver)

En smule salt

5 ml / 1 tsk kanelpulver

2,5 ml / ½ tsk stødt nelliker

Pisk smør eller margarine og sukker let og luftigt. Tilsæt gradvist æggeblomme og melasse. Bland mel, bagepulver, salt og krydderier og bland i blandingen. Dæk til og stil på køl.

Rul blandingen til 3 cm / 1½ cm kugler og anret dem på en smurt (kiks) bageplade. Bag kagerne i en forvarmet ovn ved 180°C / 350°F / gasmærke 4 i 10 minutter, indtil de er sat.

## Melasse, abrikos og valnøddekager

Udbytte omkring 24

50 g / 2 oz / ¼ kop smør eller margarine

50 g / 2 oz / ¼ kop strøsukker (superfint)

50 g / 2 oz / ¼ kop blødt brun farin

1 æg, let pisket

2,5 ml / ½ tsk natron (bagepulver)

30 ml / 2 spsk varmt vand

45 ml / 3 spsk blackstrap melasse (melasse)

25 g / 1 ounce spiseklare tørrede abrikoser, hakket

25 g / 1 oz / ¼ kop hakkede blandede nødder

100 g / 4 oz / 1 kop almindeligt mel (all-purpose)

En smule salt

En knivspids formalede nelliker

Pisk smør eller margarine og sukkeret let og luftigt. Tilsæt ægget lidt efter lidt. Bland bagepulver med vandet og rør det i blandingen med de resterende ingredienser. Læg skefulde på en smurt bageplade (kiks) og bag i en forvarmet ovn ved 180°C / 350°F / gasmærke 4 i 10 minutter.

# Melasse og kærnemælkskager

24 år siden

50 g / 2 oz / ¼ kop smør eller margarine, blødgjort

50 g / 2 oz / ¼ kop blødt brun farin

150 ml / ¼ pt / 2/3 kop sort melasse (melasse)

150 ml / ¼ pt / 2/3 kop kærnemælk

175 g / 6 oz / 1½ kop almindeligt mel (all-purpose)

2,5 ml / ½ tsk natron (bagepulver)

Pisk smør eller margarine og sukker let og luftigt, og bland derefter melasse og kærnemælk i skiftevis med mel og natron. Læg store skefulde på en smurt (kiks) bageplade og bag i en forvarmet ovn ved 190 °C / 375 °F / gasmærke 5 i 10 minutter.

# Melasse og kaffekiks

24 år siden

60 g / 2½ oz / 1/3 kop spæk (afkortning)

50 g / 2 oz / ¼ kop blødt brun farin

75 g / 3 oz / ¼ kop sort melasse (melasse)

2,5 ml / ½ tsk vaniljeessens (ekstrakt)

200 g / 7 oz / 1¾ kopper almindeligt mel (all-purpose)

5 ml / 1 tsk natron (bagepulver)

En smule salt

2,5 ml / ½ tsk pulveriseret ingefær

2,5 ml / ½ tsk kanelpulver

60 ml / 4 spsk kold sort kaffe

Pisk spæk og sukker til du får en let og luftig creme. Tilsæt melasse og vaniljeessens. Bland mel, natron, salt og krydderier og pisk blandingen på skift med kaffen. Dæk til og stil på køl i flere timer.

Rul dejen ud til 5 mm / ¼ tykkelse og skær den i 5 cm / 2 runde stykker med en udstikker. Læg småkagerne på en usmurt bageplade og bag dem i en forvarmet ovn ved 190°C / 375°F / gasmærke 5 i 10 minutter, indtil de er faste at røre ved.

# *Melasse og daddelkager*

Udbytte omkring 24

50 g / 2 oz / ¼ kop smør eller margarine, blødgjort

50 g / 2 oz / ¼ kop strøsukker (superfint)

50 g / 2 oz / ¼ kop blødt brun farin

1 æg, let pisket

2,5 ml / ½ tsk natron (bagepulver)

30 ml / 2 spsk varmt vand

45 ml / 3 spsk blackstrap melasse (melasse)

25 g / 1 oz / ¼ kop udstenede dadler, hakket

100 g / 4 oz / 1 kop almindeligt mel (all-purpose)

En smule salt

En knivspids formalede nelliker

Pisk smør eller margarine og sukkeret let og luftigt. Tilsæt ægget lidt efter lidt. Bland bagepulver med vandet og bland med de resterende ingredienser. Læg skefulde på en smurt bageplade (kiks) og bag i en forvarmet ovn ved 180°C / 350°F / gasmærke 4 i 10 minutter.

# *Honning og ingefær cookies*

24 år siden

50 g / 2 oz / ¼ kop smør eller margarine, blødgjort

50 g / 2 oz / ¼ kop blødt brun farin

150 ml / ¼ pt / 2/3 kop sort melasse (melasse)

150 ml / ¼ pt / 2/3 kop kærnemælk

175 g / 6 oz / 1½ kop almindeligt mel (all-purpose)

2,5 ml / ½ tsk natron (bagepulver)

2,5 ml / ½ tsk pulveriseret ingefær

1 æg, pisket, til glasur

Pisk smør eller margarine og sukker let og luftigt, og bland derefter melasse og kærnemælk i skiftevis med mel, bagepulver og ingefær. Læg store skefulde på en smurt bageplade og pensl med sammenpisket æg. Bages i en forvarmet ovn ved 190°C/375°F/gasmærke 5 i 10 minutter.

## *vanilje cookies*

24 år siden

150 g / 5 oz / 2/3 kop smør eller margarine, blødgjort

100 g / 4 oz / ½ kop strøsukker (superfint)

1 sammenpisket æg

225 g / 8 oz / 2 kopper selvhævende mel (selvhævende)

En smule salt

10 ml / 2 tsk vaniljeessens (ekstrakt)

Glacé kirsebær (kandiserede) til dekoration

Pisk smør eller margarine og sukker let og luftigt. Pisk ægget gradvist, tilsæt mel, salt og vaniljeessens og bland indtil du får en dej. Ælt indtil glat. Pak ind i clingfim (plastfolie) og stil på køl i 20 minutter.

Rul dejen meget tyndt ud og skær den i runde stykker med en udstikker. Arranger på en smurt bageplade og læg et kirsebær ovenpå hver enkelt. Bag kagerne i en forvarmet ovn ved 180°C/350°F/gasmærke 4 i 10 minutter, indtil de er gyldenbrune. Lad afkøle på bageplade i 10 minutter, før de overføres til en rist for at afslutte afkølingen.

## *nøddekager*

36 år siden

100 g / 4 oz / ½ kop smør eller margarine, blødgjort

100 g / 4 oz / ½ kop blødt brun farin

100 g / 4 oz / ½ kop strøsukker (superfint)

1 stort æg, let pisket

200 g / 7 oz / 1¾ kopper almindeligt mel (all-purpose)

5 ml / 1 tsk bagepulver

2,5 ml / ½ tsk natron (bagepulver)

120 ml / 4 fl oz / ½ kop kærnemælk

50 g / 2 oz / ½ kop valnødder, hakket

Pisk smør eller margarine og sukker. Pisk ægget gradvist i, og tilsæt derefter mel, bagepulver og natron skiftevis med kærnemælken. Tilsæt nødderne. Læg små skefulde på en smurt (kiks) bageplade og bag kiksene (kiksene) i en forvarmet ovn ved 190 °C / 375 °F / gasmærke 5 i 10 minutter.

## sprøde småkager

24 år siden

25 g / 1 oz frisk gær eller 40 ml / 2½ spsk tørgær

450 ml / ¾ pt / 2 kopper varm mælk

900 g / 2 lb / 8 kopper almindeligt stærkt mel (brød)

175 g / 6 oz / ¾ kop smør eller margarine, blødgjort

30 ml / 2 spsk klar honning

2 sammenpisket æg

Pisket æg til glasering

Bland gæren med lidt varm mælk og lad den stå et lunt sted i 20 minutter. Kom melet i en skål og dyp det i smør eller margarine. Tilsæt gæren, den resterende varme mælk, honningen og æggene og pisk indtil du får en blød dej. Ælt på en let meldrysset overflade, indtil den er glat og elastisk. Læg i en oliesmurt skål, dæk med olieret plastfolie (plastfolie) og lad stå et lunt sted i 1 time, indtil den er dobbelt så stor.

Ælt igen, form derefter til lange, flade ruller og læg dem på en smurt (kiks) bageplade. Dæk til med olieret plastfolie og lad det stå et lunt sted i 20 minutter.

Pensl med sammenpisket æg og bag i en forvarmet ovn ved 200 °C / 400 °F / gasmærke 6 i 20 minutter. Lad det køle af natten over.

Skær i tynde skiver og bag igen i en forvarmet ovn ved 150°C/300°F/gasmærke 2 i 30 minutter, indtil de er sprøde og brune.

## *cheddar cookies*

12 år siden

50 g / 2 oz / ¼ kop smør eller margarine

200 g / 7 oz / 1¾ kopper almindeligt mel (all-purpose)

15 ml / 1 spsk bagepulver

En smule salt

50 g / 2 oz / ½ kop cheddarost, revet

175 ml / 6 fl oz / ¾ kop mælk

Gnid smør eller margarine ind i mel, bagepulver og salt, indtil blandingen minder om brødkrummer. Tilsæt osten og rør nok mælk i til en blød dej. Rul ud på en let meldrysset overflade til ca. ¾/2 cm tyk og skær i runde stykker med en udstikker. Anbring på en usmurt (kiks) bageplade og bag kiksene (kiks) i en forvarmet ovn ved 200 °C / 400 °F / gasmærke 6 i 15 minutter, indtil de er gyldenbrune.

# Blåskimmelostkiks

12 år siden

50 g / 2 oz / ¼ kop smør eller margarine

200 g / 7 oz / 1¾ kopper almindeligt mel (all-purpose)

15 ml / 1 spsk bagepulver

50 g / 2 oz / ½ kop Stilton ost, revet eller smuldret

175 ml / 6 fl oz / ¾ kop mælk

Gnid smør eller margarine ind i mel og gær, indtil blandingen minder om brødkrummer. Tilsæt osten og rør nok mælk i til en blød dej. Rul ud på en let meldrysset overflade til ca. ¾/2 cm tyk og skær i runde stykker med en udstikker. Anbring på en usmurt (kiks) bageplade og bag kiksene (kiks) i en forvarmet ovn ved 200 °C / 400 °F / gasmærke 6 i 15 minutter, indtil de er gyldenbrune.

# Ost og sesamkiks

24 år siden

75 g / 3 oz / 1/3 kop smør eller margarine

75 g / 3 oz / ¾ kop fuldkornshvedemel (fuld hvede)

75 g / 3 oz / ¾ kop revet cheddarost

30 ml / 2 spsk sesamfrø

Salt og friskkværnet sort peber

1 sammenpisket æg

Gnid smørret eller margarinen ind i melet, indtil blandingen minder om brødkrummer. Tilsæt osten og halvdelen af sesamfrøene og smag til med salt og peber. Tryk for at danne en fast dej. Rul dejen ud på en let meldrysset overflade til en tykkelse på ca. Læg småkagerne (kiks) på en smurt bageplade, pensl med æg og drys med de resterende sesamfrø. Bages i en forvarmet ovn ved 190°C/375°F/gasmærke 5 i 10 minutter, indtil de er gyldenbrune.

## *ostestænger*

16 år siden

Butterdej 225 g / 8 oz

1 sammenpisket æg

100 g / 4 oz / 1 kop cheddar eller stærk ost, revet

15 ml / 1 spsk revet parmesanost

Salt og friskkværnet sort peber

Rul dejen ud (pastaen) til ca. 5 mm / ¼ tyk og pensl rigeligt med sammenpisket æg. Drys med ostene og smag til med salt og peber. Skær i strimler og sno strimlerne forsigtigt i spiraler. Placer på en fugtig bageplade (cookie) og bag i en forvarmet ovn ved 220 ° C / 425 ° F / gasmærke 7 i cirka 10 minutter, indtil den er hævet og gylden.

# Ost og tomatkiks

12 år siden

50 g / 2 oz / ¼ kop smør eller margarine

200 g / 7 oz / 1¾ kopper almindeligt mel (all-purpose)

15 ml / 1 spsk bagepulver

En smule salt

50 g / 2 oz / ½ kop cheddarost, revet

15 ml / 1 spsk tomatpuré (pasta)

150 ml / ¼ pt / 2/3 kop mælk

Gnid smør eller margarine ind i mel, bagepulver og salt, indtil blandingen minder om brødkrummer. Rør osten i, og tilsæt derefter tomatpuré og nok mælk til at lave en blød dej. Rul ud på en let meldrysset overflade til ca. ¾/2 cm tyk og skær i runde stykker med en udstikker. Anbring på en usmurt (kiks) bageplade og bag kiksene (kiks) i en forvarmet ovn ved 200 °C / 400 °F / gasmærke 6 i 15 minutter, indtil de er gyldenbrune.

# *gedeostbid*

30 år siden

2 plader frossen filodej (pasta), optøet

50 g / 2 oz / ¼ kop usaltet smør, smeltet

50 g / 2 oz / ½ kop gedeost, hakket

5 ml / 1 tsk Herbes de Provence

Pensl det ene stykke filodej med smeltet smør, læg det andet stykke ovenpå og pensl med smør. Skær i 30 lige store firkanter, læg et stykke ost på hver og drys med krydderurter. Bring hjørnerne sammen og drej for at forsegle, og pensl derefter igen med smeltet smør. Placer på en smurt (kiks) bageplade og bag i en forvarmet ovn ved 180 °C / 350 °F / gasmærke 4 i 10 minutter, indtil de er sprøde og gyldne.

# *Skinke- og sennepsruller*

16 år siden

Butterdej 225 g / 8 oz

30 ml / 2 spsk fransk sennep

100 g / 4 oz / 1 kop kogt skinke, hakket

Salt og friskkværnet sort peber

Rul dejen ud (pastaen) ca. 5 mm / ¼ tyk. Fordel sennep, drys med skinken og smag til med salt og peber. Rul dejen til en lang pølse, skær den i 1 cm / ½ cm skiver og læg den på en fugtig (kiks) bageplade. Bages i en forvarmet ovn ved 220°C / 425°F / gasmærke 7 i ca. 10 minutter, indtil de er hævede og gyldne.

# Skinke- og peberkiks

30 år siden

225 g / 8 oz / 2 kopper almindeligt mel (all-purpose)

15 ml / 1 spsk bagepulver

5 ml / 1 tsk tørret timian

5 ml / 1 tsk rørsukker (superfint)

2,5 ml / ½ tsk pulveriseret ingefær

En knivspids revet muskatnød

En knivspids bagepulver (bagepulver)

Salt og friskkværnet sort peber

50 g / 2 oz / ¼ kop afkortning (fedt)

50 g / 2 oz / ½ kop kogt skinke, hakket

30 ml / 2 spsk finthakket grøn peber

175 ml kærnemælk / 6 fl oz / ¾ kop kærnemælk

Pisk mel, bagepulver, timian, sukker, ingefær, muskatnød, natron, salt og peber sammen. Gnid grøntsagsfettet ind, indtil blandingen ligner brødkrummer. Tilsæt skinke og peber. Tilsæt lidt efter lidt kærnemælken og bland indtil du får en blød dej. Ælt i et par sekunder på en let meldrysset overflade, indtil den er glat. Rul ud til ¾/2 cm tyk og skær i runde stykker med en kagedåse. Læg kiksene, godt adskilt, på en smurt bageplade og bag dem i en forvarmet ovn ved 220 °C / 425 °F / gasmærke 7 i 12 minutter, indtil de er hævede og gyldne.

# Simple urtekiks

gør 8

225 g / 8 oz / 2 kopper almindeligt mel (all-purpose)

15 ml / 1 spsk bagepulver

5 ml / 1 tsk rørsukker (superfint)

2,5 ml / ½ tsk salt

50 g / 2 oz / ¼ kop smør eller margarine

15 ml / 1 spsk hakket frisk purløg

En knivspids paprika

Friskkværnet sort peber

45 ml / 3 spsk mælk

45 ml / 3 spsk vand

Bland mel, gær, sukker og salt. Gnid smør eller margarine i, indtil blandingen ligner brødkrummer. Tilsæt purløg, paprika og peber efter smag. Tilsæt mælk og vand og bland indtil du får en blød dej. Ælt på en let meldrysset overflade, indtil den er glat, rul derefter ud til ¾/2 cm tykkelse og skær i runde stykker med en kageudstikker. Placer kiksene (kiks), godt adskilt, på en smurt bageplade (kiks) og bag dem i en forvarmet ovn ved 200 ° C / 400 ° F / gasmærke 6 i 15 minutter, indtil de er hævede og gyldne.

## *indiske cookies*

4 portioner

100 g / 4 oz / 1 kop almindeligt mel (all-purpose)

100 g / 4 oz / 1 kop semulje (fløde af hvede)

175 g / 6 oz / ¾ kop strøsukker (superfint)

75 g / 3 oz / ¾ kop gram mel

175 g / 6 oz / ¾ kop ghee

Bland alle ingredienserne i en skål og gnid dem med håndfladerne til en stiv dej. Du skal muligvis have lidt mere ghee, hvis blandingen er for tør. Form til små kugler og tryk dem til kiks. Placer på en smurt, foret bageplade og bag i en forvarmet ovn ved 150 °C / 300 °F / gasmærke 2 i 30-40 minutter, indtil de er let brunede. Der kan opstå fine revner, når kagerne bager.

# Kage med hasselnød og skalotteløg

12 år siden

75 g / 3 oz / 1/3 kop smør eller margarine, blødgjort

175 g / 6 oz / 1½ kopper fuldkornshvedemel (fuld hvede)

10 ml / 2 tsk bagepulver

1 skalotteløg, finthakket

50 g / 2 oz / ½ kop hasselnødder, hakket

10 ml / 2 tsk paprika

15 ml / 1 spsk koldt vand

Gnid smør eller margarine ind i mel og gær, indtil blandingen minder om brødkrummer. Tilsæt skalotteløg, hasselnødder og paprika. Tilsæt koldt vand og tryk til en dej. Rul ud og tryk til en 30 x 20 cm / 12 x 8 svejtserrullepande (gelérullepande) og prik det hele med en gaffel. Mærke på fingrene. Bages i en forvarmet ovn ved 200°C/400°F/gasmærke 6 i 10 minutter, indtil de er gyldenbrune.

# Laks og dildkiks

12 år siden

225 g / 8 oz / 2 kopper almindeligt mel (all-purpose)

5 ml / 1 tsk rørsukker (superfint)

2,5 ml / ½ tsk salt

20 ml / 4 tsk bagepulver

100 g / 4 oz / ½ kop smør eller margarine, skåret i tern

90 ml / 6 spiseskefulde vand

90 ml / 6 spsk mælk

100 g / 4 oz / 1 kop røget lakseafpuds, hakket

60 ml / 4 spsk hakket frisk dild (dildukrudt)

Bland mel, sukker, salt og bagepulver og dyp i smør eller margarine, indtil blandingen minder om brødkrummer. Bland gradvist mælk og vand og bland indtil du får en blød dej. Tilsæt laks og dild og bland til en jævn masse. Rul ud til 1/2" tyk og skær i runde stykker med en udstikker. Placer kiksene godt fra hinanden på en smurt bageplade og bag dem i en forvarmet ovn ved 220 ° C / 425 ° F / gasmærke 7 i 15 minutter, indtil de er hævede og gyldne.

## *sodavand cookies*

12 år siden

45 ml / 3 spsk svinefedt (afkortning)

225 g / 8 oz / 2 kopper almindeligt mel (all-purpose)

5 ml / 1 tsk natron (bagepulver)

5 ml / 1 tsk fløde tatar

En smule salt

250 ml / 8 fl oz / 1 kop kærnemælk

Gnid svinefedtet ind i melet, natron, flødevinsten og salt, indtil blandingen minder om brødkrummer. Tilsæt mælken og pisk indtil du får en blød dej. Rul ud på en let meldrysset overflade til 1/2 cm tykkelse og skær med en kageudstikker. Læg kiksene (kiks) på en smurt bageplade (kiks) og bag dem i en forvarmet ovn ved 230 ° C / 450 ° F / gasmærke 8 i 10 minutter, indtil de er gyldenbrune.

## *Tomat og parmesan nålehjul*

16 år siden

Butterdej 225 g / 8 oz

30 ml / 2 spsk tomatpuré (pasta)

100 g / 4 oz / 1 kop parmesanost, revet

Salt og friskkværnet sort peber

Rul dejen ud (pastaen) ca. 5 mm / ¼ tyk. Fordel tomatpuréen, drys med osten og smag til med salt og peber. Rul dejen til en lang pølse, skær den i 1 cm / ½ cm skiver og læg den på en fugtig (kiks) bageplade. Bages i en forvarmet ovn ved 220°C / 425°F / gasmærke 7 i ca. 10 minutter, indtil de er hævede og gyldne.

# Tomat- og urtekiks

12 år siden

225 g / 8 oz / 2 kopper almindeligt mel (all-purpose)

5 ml / 1 tsk rørsukker (superfint)

2,5 ml / ½ tsk salt

40ml / 2½ spsk bagepulver

100 g / 4 oz / ½ kop smør eller margarine

30 ml / 2 spsk mælk

30 ml / 2 spsk vand

4 modne tomater, flået, frøet og hakket

45 ml / 3 spsk hakket frisk basilikum

Bland mel, sukker, salt og gær. Gnid smør eller margarine i, indtil blandingen ligner brødkrummer. Tilsæt mælk, vand, tomater og basilikum og bland indtil du får en blød dej. Ælt i et par sekunder på en let meldrysset overflade, rul ud til 1/2" tyk og skær i runde stykker med en kageudstikker. Læg kiksene godt fra hinanden på en smurt bageplade og bag dem i en ovn forvarmet til 230 ° C / 425 ° F / gasmærke 7 i 15 minutter, indtil de er hævede og gyldne.

# Grundlæggende hvidt brød

Gør tre 450 g / 1 lb brød

25 g / 1 oz frisk gær eller 40 ml / 2½ spsk tørgær

10 ml / 2 tsk sukker

900 ml / 1½ pts / 3¾ kopper varmt vand

25 g / 1 oz / 2 spsk spæk (afkortning)

1,5 kg / 3 lb / 12 kopper almindeligt stærkt mel (brød)

15 ml / 1 spsk salt

Pisk gæren sammen med sukkeret og lidt varmt vand og lad det stå et lunt sted i 20 minutter, indtil der dannes skum. Gnid svinefedtet ind i melet og saltet, tilsæt derefter gærblandingen og nok af det resterende vand til at danne en fast dej, der kommer rent væk fra skålens sider. Ælt på en let meldrysset overflade eller i en foodprocessor, indtil den er elastisk og ikke længere klistret. Læg dejen i en oliesmurt skål, dæk med olieret plastfolie (plastfolie), og lad den stå et lunt sted i ca. 1 time, indtil den er fordoblet i størrelse og fjedrende at røre ved.

Ælt dejen igen, indtil den er fast, del den i tredjedele og læg den i smurte 450 g brødforme eller form til valgfrie brød. Dæk til og lad hæve et lunt sted i cirka 40 minutter, indtil dejen er lige over toppen af formene.

Bag i en forvarmet ovn ved 230°C / 450°F / gasmærke 8 i 30 minutter, indtil brødene begynder at krympe på siderne af formene og er gyldenbrune og faste og lyder hule, når de bankes på bunden.

# Donut

12 år siden

15 g / ½ oz frisk gær eller 20 ml / 4 tsk tørgær

5 ml / 1 tsk rørsukker (superfint)

300 ml / ½ pt / 1¼ kopper varm mælk

50 g / 2 oz / ¼ kop smør eller margarine

450 g / 1 lb / 4 kopper almindeligt stærkt mel (brød)

En smule salt

1 æggeblomme

30 ml / 2 spiseskefulde valmuefrø

Pisk gæren sammen med sukkeret og lidt varm mælk og lad det stå et lunt sted i 20 minutter, indtil det er skummende. Dryp smør eller margarine i mel og salt og lav en fordybning i midten. Tilsæt gærblandingen, den resterende varme mælk og æggeblomme og bland indtil du har en glat dej. Ælt til dejen er elastisk og ikke længere klistret. Læg i en oliesmurt skål, dæk med olieret plastfolie (plastfolie) og lad stå et lunt sted i ca. 1 time, indtil den er dobbelt så stor.

Ælt dejen let og skær den i 12 stykker. Rul hver til en lang strimmel ca. 15 cm lang og sno dem til en ring. Læg på en smurt bageplade, dæk til og lad hæve i 15 minutter.

Bring en stor gryde med vand i kog og sænk varmen til et simre. Læg en ring i det kogende vand og kog i 3 minutter, vend en gang, fjern og læg på en bageplade. Fortsæt med de resterende bagels. Drys bagels med valmuefrø og bag dem i en forvarmet ovn ved 230°C / 450°F / gasmærke 8 i 20 minutter, indtil de er gyldenbrune.

# *baps*

12 år siden

25 g / 1 oz frisk gær eller 40 ml / 2½ spsk tørgær

5 ml / 1 tsk rørsukker (superfint)

150 ml / ¼ pt / 2/3 kop varm mælk

50 g / 2 oz / ¼ kop spæk (afkortning)

450 g / 1 lb / 4 kopper almindeligt stærkt mel (brød)

5 ml / 1 tsk salt

150 ml / ¼ pt / 2/3 kop varmt vand

Pisk gæren sammen med sukkeret og lidt varm mælk og lad det stå et lunt sted i 20 minutter, indtil det er skummende. Hæld spæket i melet, tilsæt salt og lav et hul i midten. Tilsæt gærblandingen, den resterende mælk og vand og bland til en jævn masse. Ælt indtil elastisk og ikke længere klistret. Kom i en oliesmurt skål og dæk med olieret plastfolie (plastfolie). Lad stå et lunt sted i ca. 1 time, indtil den er fordoblet i størrelse.

Form dejen til 12 flade ruller og læg den på en smurt bageplade. Lad hæve i 15 minutter.

Bages i en forvarmet ovn ved 230°C / 450°F / gasmærke 8 i 15-20 minutter, indtil de er hævet og gyldenbrune.

# Cremet bygbrød

Giver et brød på 900 g / 2 lb

15 g / ½ oz frisk gær eller 20 ml / 4 tsk tørgær

En knivspids sukker

350 ml / 12 fl oz / 1½ kop varmt vand

400 g / 14 oz / 3½ kopper almindeligt stærkt mel (brød)

175 g / 6 oz / 1½ kop bygmel

En smule salt

45 ml / 3 spsk almindelig creme (let)

Pisk gæren sammen med sukkeret og lidt varmt vand og lad det stå et lunt sted i 20 minutter, indtil der dannes skum. Bland mel og salt i en skål, tilsæt gærblandingen, fløden og resten af vandet og pisk indtil du får en fast dej. Ælt indtil glat og ikke længere klistret. Læg i en oliesmurt skål, dæk med olieret plastfolie (plastfolie) og lad stå et lunt sted i ca. 1 time, indtil den er dobbelt så stor.

Ælt let igen, form derefter til en smurt 900g/2lb brødform (bradepande), dæk til og lad den stå et lunt sted i 40 minutter, indtil dejen hæver op over formen.

Bag i en forvarmet ovn ved 220°C/425°F/gasmærke 7 i 10 minutter, reducer derefter ovntemperaturen til 190°C/375°F/gasmærke 5 og bag i yderligere 25 minutter, indtil brun gylden og hul - hørbar når der bankes på basen.

# øllebrød

Giver et brød på 900 g / 2 lb

450 g / 1 lb / 4 kopper selvhævende mel

5 ml / 1 tsk salt

350 ml / 12 fl oz / 1½ kopper øl

Bland ingredienserne til du får en jævn dej. Form til en smurt 900 g/2 lb brødform (bradepande), dæk til og lad hæve et lunt sted i 20 minutter. Bag i en forvarmet ovn ved 190°C / 375°F / gasmærke 5 i 45 minutter, indtil den er gyldenbrun og lyder hul, når den bankes ind i bunden.

# boston brunt brød

Gør tre 450 g / 1 lb brød

100 g / 4 oz / 1 kop rugmel

100 g / 4 oz / 1 kop majsmel

100 g / 4 oz / 1 kop fuldkornsmel (fuld hvede)

5 ml / 1 tsk natron (bagepulver)

5 ml / 1 tsk salt

250 g / 9 oz / ¾ kop blackstrap melasse (melasse)

500 ml / 16 fl oz / 2 kopper kærnemælk

175 g / 6 oz / 1 kop rosiner

Bland de tørre ingredienser, tilsæt derefter melasse, kærnemælk og rosiner og bland, indtil du har en glat dej. Hæld blandingen i tre smurte 450 g / 1 lb budding skåle, dæk med pergament (vokset) papir og bind med sejlgarn for at forsegle toppen. Placer i en stor gryde og fyld med nok varmt vand til at komme halvvejs op på siderne af skålene. Bring vandet i kog, dæk gryden til og kog i 2 en halv time, fyld eventuelt op med kogende vand. Tag skålene ud af gryden og lad dem køle lidt af. Serveres varm med smør.

# *klidkar*

gør 3

25 g / 1 oz frisk gær eller 40 ml / 2½ spsk tørgær

5 ml / 1 tsk sukker

600 ml / 1 pt / 2½ kopper varmt vand

675 g / 1½ lb / 6 kopper fuldkornshvedemel (fuld hvede)

25 g / 1 oz / ¼ kop sojamel

5 ml / 1 tsk salt

50 g / 2 oz / 1 kop klid

mælk til glasur

45 ml / 3 spiseskefulde knust hvede

Du skal bruge tre rene nye 13 cm / 5 cm lerpotter. Smør godt og sæt i en varm ovn i 30 minutter for at undgå revner.

Pisk gæren sammen med sukkeret og lidt varmt vand og lad den hvile, indtil der dannes skum. Bland mel, salt og klid og lav et hul i midten. Tilsæt den varme vand- og gærblanding og ælt indtil du får en fast dej. Overfør til en meldrysset overflade og ælt i cirka 10 minutter, indtil den er glat og elastisk. Alternativt kan du lave dette i en foodprocessor. Læg dejen i en ren skål, dæk med olieret husholdningsfilm (plastfolie) og lad hæve i ca. 1 time, indtil den er dobbelt så stor.

Overfør til en meldrysset overflade og ælt igen i 10 minutter. Form de tre smurte gryder, dæk til og lad stå i 45 minutter, indtil dejen overstiger toppen af gryderne.

Pensl dejen med mælk og drys med den revne hvede. Bages i en forvarmet ovn ved 230°C/450°F/gasmærke 8 i 15 minutter. Reducer ovntemperaturen til 200°C/400°F/gas, markér 6 og bag i yderligere 30 minutter, indtil den er godt hævet og fast. Udvikle og lad det køle af.

## smøragtige ruller

12 år siden

450 g / 1 lb grundlæggende hvidt brøddej

100 g / 4 oz / ½ kop smør eller margarine, skåret i tern

Lav brøddejen og lad den hæve til den fordobles i størrelse og bliver elastisk at røre ved.

Ælt dejen igen og tilsæt smør eller margarine. Form til 12 ruller og læg dem godt fra hinanden på en smurt (kiks) bageplade. Dæk til med olieret plastfolie (plastfolie) og lad hæve et lunt sted i ca. 1 time, indtil det er dobbelt så stort.

Bag i en forvarmet ovn ved 230 °C / 450 °F / gasmærke 8 i 20 minutter, indtil den er gyldenbrun og lyder hul, når du banker på bunden.

# Kærnemælksbrød

Giver et brød på 675 g / 1½ lb

450 g / 1 lb / 4 kopper almindeligt mel (all-purpose)

5 ml / 1 tsk fløde tatar

5 ml / 1 tsk natron (bagepulver)

250 ml / 8 fl oz / 1 kop kærnemælk

Bland mel, creme af tatar og natron i en skål og lav en brønd i midten. Rør nok kærnemælk i til en blød dej. Form til en rund form og læg på en smurt bageplade (kiks). Bages i en forvarmet ovn ved 220°C / 425°F / gasmærke 7 i 20 minutter, indtil den er gennemhævet og gylden.

# canadisk majsbrød

Giver et 23 cm / 9 brød

150 g / 5 oz / 1¼ kopper almindeligt mel (all-purpose)

75 g / 3 oz / ¾ kop majsmel

15 ml / 1 spsk bagepulver

2,5 ml / ½ tsk salt

100 g / 4 oz / 1/3 kop ahornsirup

100 g / 4 oz / ½ kop spæk (fedt), smeltet

2 sammenpisket æg

Bland de tørre ingredienser, tilsæt sirup, svinefedt og æg og rør til det er godt blandet. Hæld i en smurt 23 cm / 9 cm form på en bageplade (bageplade) og sæt i en forvarmet ovn ved 220 °C / 425 °F / gasmærke 7 i 25 minutter, indtil den er godt hævet og gyldenbrun og begynder at krympe på siderne af dåsen.

# *cornish ruller*

12 år siden

25 g / 1 oz frisk gær eller 40 ml / 2½ spsk tørgær

15 ml / 1 spsk strøsukker (superfint)

300 ml / ½ pt / 1¼ kopper varm mælk

50 g / 2 oz / ¼ kop smør eller margarine

450 g / 1 lb / 4 kopper almindeligt stærkt mel (brød)

En smule salt

Pisk gæren sammen med sukkeret og lidt varm mælk og lad det stå et lunt sted i 20 minutter, indtil det er skummende. Dryp smør eller margarine i mel og salt og lav en fordybning i midten. Tilsæt gærblandingen og den resterende mælk og bland til en jævn masse. Ælt indtil elastisk og ikke længere klistret. Kom i en oliesmurt skål og dæk med olieret plastfolie (plastfolie). Lad stå et lunt sted i ca. 1 time, indtil den er fordoblet i størrelse.

Form dejen til 12 flade ruller og læg den på en smurt bageplade. Dæk til med olieret plastfolie og lad hæve i 15 minutter.

Bages i en forvarmet ovn ved 230°C / 450°F / gasmærke 8 i 15-20 minutter, indtil de er hævet og gyldenbrune.

# *fladbrød*

Laver seks små brød

10 ml / 2 tsk tørgær

15 ml / 1 spsk klar honning

120 ml / 4 fl oz / ½ kop varmt vand

350 g / 12 oz / 3 kopper almindeligt stærkt mel (brød)

5 ml / 1 tsk salt

50 g / 2 oz / ¼ kop smør eller margarine

5 ml / 1 tsk spidskommen frø

5 ml / 1 tsk stødt koriander

5 ml / 1 tsk stødt kardemomme

120 ml / 4 fl oz / ½ kop varm mælk

60 ml / 4 spsk sesamfrø

Pisk gær og honning med 45 ml / 3 spsk varmt vand og 15 ml / 1 spsk mel og lad det stå et lunt sted i ca. 20 minutter, indtil der dannes skum. Bland det resterende mel med saltet, tilsæt smør eller margarine og tilsæt spidskommen, koriander og kardemomme og lav et hul i midten. Rør gærblandingen, det resterende vand og nok af mælken i til en jævn dej. Ælt godt, indtil det er fast og ikke længere klistret. Læg i en oliesmurt skål, dæk med olieret plastfolie (plastfolie) og lad stå et lunt sted i ca. 30 minutter, indtil den er dobbelt så stor.

Ælt dejen igen, og form den derefter til flade kager. Læg dem på en smurt bageplade og pensl med mælk. Drys med sesamfrø. Dæk til med olieret plastfolie og lad hæve i 15 minutter.

Bages i en forvarmet ovn ved 200°C/400°F/gasmærke 6 i 30 minutter, indtil de er gyldenbrune.

# Landvalmuefrø fletning

Giver et brød på 450 g / 1 lb

275 g / 10 oz / 2½ kopper almindeligt mel (all-purpose)

25 g / 1 oz / 2 spsk strøsukker (superfint)

5 ml / 1 tsk salt

10 ml / 2 tsk let blandet tørgær

175 ml / 6 fl oz / ¾ kop mælk

25 g / 1 oz / 2 spsk smør eller margarine

1 æg

Lidt mælk eller æggehvide til glasering

30 ml / 2 spiseskefulde valmuefrø

Bland mel, sukker, salt og gær. Varm mælken op med smør eller margarine, bland det i melet med ægget og ælt til du får en stiv dej. Ælt indtil elastisk og ikke længere klistret. Læg i en oliesmurt skål, dæk med olieret plastfolie (plastfolie) og lad stå et lunt sted i ca. 1 time, indtil den er dobbelt så stor.

Ælt igen og form til tre pølseforme ca. 20 cm lange. Fugt den ene ende af hver strimmel og pres dem sammen, flet derefter strimlerne, våd og forsegl enderne. Læg dem på en bageplade med olie, dæk med olieret plastfolie og lad hæve i cirka 40 minutter, indtil den er dobbelt så stor.

Pensl med mælk eller æggehvide og drys med valmuefrø. Bages i en forvarmet ovn ved 190°C/375°F/gasmærke 5 i ca. 45 minutter, indtil de er gyldenbrune.

# Landligt fuldkornsbrød

Giver to 450 g / 1 lb brød

20 ml / 4 tsk tørgær

5 ml / 1 tsk rørsukker (superfint)

600 ml / 1 pt / 2½ kopper varmt vand

25 g / 1 oz / 2 spsk vegetabilsk shortening (afkortning)

800 g / 1¾ lb / 7 kopper fuldkornshvedemel (fuld hvede)

10 ml / 2 tsk salt

10 ml / 2 tsk maltekstrakt

1 sammenpisket æg

25 g / 1 oz / ¼ kop revet hvede

Pisk gæren sammen med sukkeret og lidt varmt vand og lad det stå i cirka 20 minutter, indtil der dannes skum. Dryp fedtet i mel, salt og maltekstrakt og lav en fordybning i midten. Tilsæt gærblandingen og det resterende varme vand og bland indtil du har en blød dej. Ælt godt, indtil det er elastisk og ikke længere klistret. Læg i en oliesmurt skål, dæk med olieret plastfolie (plastfolie) og lad stå et lunt sted i ca. 1 time, indtil den er dobbelt så stor.

Ælt dejen igen og form den til to smurte 450 g/1 lb brødforme (forme). Lad hæve et lunt sted i cirka 40 minutter, til dejen hæver lige over toppen af formene.

Pensl generøst enderne af bollerne med æg og drys med knækket hvede. Bag i en forvarmet ovn ved 230°C / 450°F / gasmærke 8 i ca. 30 minutter, indtil den er gyldenbrun og lyder hul, når du banker på bunden.

# karry fletninger

Giver to 450 g / 1 lb brød

120 ml / 4 fl oz / ½ kop varmt vand

30 ml / 2 spsk tørgær

225 g / 8 oz / 2/3 kop klar honning

25 g / 1 oz / 2 spsk smør eller margarine

30ml / 2 spsk karrypulver

675 g / 1½ lb / 6 kopper almindeligt mel (all-purpose)

10 ml / 2 tsk salt

450 ml / ¾ pt / 2 kopper kærnemælk

1 æg

10 ml / 2 teskefulde vand

45 ml / 3 spiseskefulde mandler i flager (flager)

Bland vandet med gæren og 5 ml / 1 tsk honning og lad stå i 20 minutter, indtil det er skummende. Smelt smør eller margarine, tilsæt karry og kog ved svag varme i 1 minut. Tilsæt den resterende honning og fjern fra varmen. Kom halvdelen af melet og saltet i en skål og lav en brønd i midten. Tilsæt gærblandingen, honningblandingen og kærnemælken, og tilsæt gradvist resten af melet, mens du blander, indtil du har en jævn dej. Ælt indtil glat og elastisk. Læg den i en oliesmurt skål, dæk med smurt plastfolie og lad den stå et lunt sted i ca. 1 time, indtil den er dobbelt så stor.

Ælt igen og del dejen i to. Skær hvert stykke i tre og rul i 20 cm/8 pølseforme. Fugt den ene ende af hver strimmel, og tryk i to partier af tre for at forsegle. Flet de to sæt strimler og forsegl enderne. Læg på en smurt (kiks) bageplade, dæk med olieret plastfolie (plastfolie) og lad hæve i ca. 40 minutter, indtil den er dobbelt så stor.

Pisk ægget med vandet og pensl bollerne, drys med mandlerne. Bag i en forvarmet ovn ved 190°C / 375°F / gasmærke 5 i 40 minutter, indtil den er gyldenbrun og lyder hul, når du banker på bunden.

## *devon deler sig*

12 år siden

25 g / 1 oz frisk gær eller 40 ml / 2½ spsk tørgær

5 ml / 1 tsk rørsukker (superfint)

150 ml / ¼ pt / 2/3 kop varm mælk

50 g / 2 oz / ¼ kop smør eller margarine

450 g / 1 lb / 4 kopper almindeligt stærkt mel (brød)

150 ml / ¼ pt / 2/3 kop varmt vand

Pisk gæren med sukker og lidt varm mælk og lad den stå et lunt sted i 20 minutter, indtil der dannes skum. Dryp smør eller margarine i melet og lav en fordybning i midten. Tilsæt gærblandingen, den resterende mælk og vand og bland til en jævn masse. Ælt indtil elastisk og ikke længere klistret. Kom i en oliesmurt skål og dæk med olieret plastfolie (plastfolie). Lad stå et lunt sted i ca. 1 time, indtil den er fordoblet i størrelse.

Form dejen til 12 flade ruller og læg den på en smurt bageplade. Lad hæve i 15 minutter.

Bages i en forvarmet ovn ved 230°C / 450°F / gasmærke 8 i 15-20 minutter, indtil de er gennemhævet og gyldenbrune.

# Frugtfuldt hvedekimsbrød

Giver et brød på 900 g / 2 lb

225 g / 8 oz / 2 kopper almindeligt mel (all-purpose)

5 ml / 1 tsk salt

5 ml / 1 tsk natron (bagepulver)

5 ml / 1 tsk bagepulver

175 g / 6 oz / 1½ kopper hvedekim

100 g / 4 oz / 1 kop majsmel

100 g / 4 oz / 1 kop havregryn

350 g / 12 oz / 2 kopper sultanas (gyldne rosiner)

1 æg, let pisket

250 ml / 8 fl oz / 1 kop almindelig yoghurt

150 ml / ¼ pt / 2/3 kop sort melasse (melasse)

60 ml / 4 spsk gylden sirup (lys majs)

30 ml / 2 spsk olie

Bland de tørre ingredienser og sultanas og lav en brønd i midten. Bland æg, yoghurt, melasse, sirup og olie, tilsæt de tørre ingredienser og bland indtil du får en blød dej. Form til en smurt 900 g / 2 lb brødform (bradepande) og bag i en forvarmet ovn ved 180 °C / 350 °F / gasmærke 4 i 1 time, indtil den er fast at røre ved. Afkøl i gryden i 10 minutter, inden de lægges på en rist for at afslutte afkølingen.

## *Frugtige mælkefletter*

Giver to 450 g / 1 lb brød

15 g / ½ oz frisk gær eller 20 ml / 4 tsk tørgær

5 ml / 1 tsk rørsukker (superfint)

450 ml / ¾ pt / 2 kopper varm mælk

50 g / 2 oz / ¼ kop smør eller margarine

675 g / 1½ lb / 6 kopper almindeligt mel (all-purpose)

En smule salt

100 g / 4 oz / 2/3 kop rosiner

25 g / 1 oz / 3 spsk ribs

25 g / 1 oz / 3 spsk hakket blandet skræl (kandiseret)

mælk til glasering

Pisk gæren sammen med sukkeret og lidt varm mælk. Lad stå et lunt sted i cirka 20 minutter, indtil der dannes skum. Dryp smør eller margarine i mel og salt, tilsæt rosiner, rosiner og blandet svær og lav en fordybning i midten. Rør den resterende varme mælk og gærblanding i og ælt indtil du har en blød, men ikke klistret dej. Kom i en oliesmurt skål og dæk med olieret plastfolie (plastfolie). Lad stå et lunt sted i ca. 1 time, indtil den er fordoblet i størrelse.

Ælt let igen og del i to. Del hver halvdel i tredjedele og rul til pølseforme. Fugt den ene ende af hver rulle og klem tre forsigtigt, flet derefter dejen, fugt og luk enderne. Gentag med den anden fletning af dej. Læg på en olieret bageplade, dæk med olieret plastfolie (plastfolie) og lad hæve i cirka 15 minutter.

Pensl med lidt mælk og bag i en forvarmet ovn ved 200 °C / 400 °F / gas 6 i 30 minutter, indtil den er gyldenbrun og lyder hul, når du banker på bunden.

# *kornkammerbrød*

Giver to 900 g / 2 lb brød

25 g / 1 oz frisk gær eller 40 ml / 2½ spsk tørgær

5 ml / 1 tsk honning

450 ml / ¾ pt / 2 kopper varmt vand

350 g / 12 oz / 3 kopper kornmagasin mel

350 g / 12 oz / 3 kopper fuldkornsmel (fuld hvede)

15 ml / 1 spsk salt

15 g / ½ oz / 1 spsk smør eller margarine

Pisk gæren med honningen og lidt varmt vand og lad det stå et lunt sted i cirka 20 minutter, indtil der dannes skum. Bland mel og salt og dyp i smør eller margarine. Bland gærblandingen og nok af det varme vand sammen til en jævn dej. Ælt på en let meldrysset overflade, indtil den er glat og ikke længere klistret. Læg i en oliesmurt skål, dæk med olieret plastfolie (plastfolie) og lad stå et lunt sted i ca. 1 time, indtil den er dobbelt så stor.

Ælt igen og form til to smurte 900 g/2 lb brødforme. Dæk med olieret plastfolie og lad hæve til dejen når toppen af formene.

Bages i en forvarmet ovn ved 220°C / 425°F / gasmærke 7 i 25 minutter, indtil den er gyldenbrun og lyder hul, når du banker på bunden.

## kornmagasin ruller

12 år siden

15 g / ½ oz frisk gær eller 20 ml / 2½ spsk tørgær

5 ml / 1 tsk rørsukker (superfint)

300 ml / ½ pt / 1¼ kopper varmt vand

450 g / 1 lb / 4 kopper kornmagasinmel

5 ml / 1 tsk salt

5 ml / 1 spsk maltekstrakt

30 ml / 2 spiseskefulde knust hvede

Pisk gæren sammen med sukkeret og lidt varmt vand og lad det stå et lunt sted, indtil der dannes skum. Rør mel og salt i, og rør derefter gærblanding, resterende varmt vand og maltekstrakt i. Ælt på en let meldrysset overflade, indtil den er glat og elastisk. Læg i en oliesmurt skål, dæk med olieret plastfolie (plastfolie) og lad stå et lunt sted i ca. 1 time, indtil den er dobbelt så stor.

Ælt let, form derefter til ruller og læg på en smurt (kiks) bageplade. Pensl med vand og drys med revnet hvede. Dæk med oliebehandlet plastfolie og lad det stå et lunt sted i cirka 40 minutter, indtil det er dobbelt så stort.

Bag i en forvarmet ovn ved 220°C / 425°F / gasmærke 7 i 10-15 minutter, indtil det lyder hult, når der bankes på bunden.

# Kornkammerbrød med hasselnødder

Giver et brød på 900 g / 2 lb

15 g / ½ oz frisk gær eller 20 ml / 4 tsk tørgær

5 ml / 1 tsk blødt brun farin

450 ml / ¾ pt / 2 kopper varmt vand

450 g / 1 lb / 4 kopper kornmagasinmel

175 g / 6 oz / 1½ kop almindeligt stærkt mel (brød)

5 ml / 1 tsk salt

15 ml / 1 spsk olivenolie

100 g / 4 oz / 1 kop hasselnødder, groft hakket

Pisk gæren sammen med sukkeret og lidt varmt vand og lad det stå et lunt sted i 20 minutter, indtil der dannes skum. Bland mel og salt i en skål, tilsæt gærblandingen, olien og resten af det varme vand og bland indtil du får en fast dej. Ælt indtil glat og ikke længere klistret. Læg i en oliesmurt skål, dæk med olieret plastfolie (plastfolie) og lad stå et lunt sted i ca. 1 time, indtil den er dobbelt så stor.

Knus og mos valnødderne let, form dem til en smurt 900 g bradepande (bradepande), dæk med oliebehandlet plastfolie og lad det stå et lunt sted i 30 minutter, indtil dejen samles. Hæv op over toppen af formen.

Bag i en forvarmet ovn ved 220°C / 425°F / gasmærke 7 i 30 minutter, indtil den er gyldenbrun og lyder hul, når du banker på bunden.

# *grissini*

12 år siden

25 g / 1 oz frisk gær eller 40 ml / 2½ spsk tørgær

15 ml / 1 spsk strøsukker (superfint)

120 ml / 4 fl oz / ½ kop varm mælk

25 g / 1 oz / 2 spsk smør eller margarine

450 g / 1 lb / 4 kopper almindeligt stærkt mel (brød)

10 ml / 2 tsk salt

Pisk gæren med 5 ml / 1 tsk sukker og lidt af den varme mælk og lad den stå et lunt sted i 20 minutter, indtil den er skummende. Smelt smør og resterende sukker i den resterende varme mælk. Kom mel og salt i en skål og lav et hul i midten. Hæld gær- og mælkeblandingen i og bland til en fugtig dej. Ælt indtil glat. Læg i en oliesmurt skål, dæk med olieret plastfolie (plastfolie) og lad stå et lunt sted i ca. 1 time, indtil den er dobbelt så stor.

Ælt let, del i 12 og rul ud til lange tynde stave og læg godt adskilt på en smurt bageplade (kiks). Dæk til med olieret plastfolie og lad hæve et lunt sted i 20 minutter.

Pensl brødstængerne med vand, bag dem i forvarmet ovn ved 220°C / 425°F / gasmærke 7 i 10 minutter, reducer derefter ovntemperaturen til 180 °C / 350 °F / gasmærke 4 og bag i yderligere 20 minutter indtil sprøde.

# *Høst fletning*

Giver et brød på 550 g / 1¼ lb

25 g / 1 oz frisk gær eller 40 ml / 2½ spsk tørgær

25 g / 1 oz / 2 spsk strøsukker (superfint)

150 ml / ¼ pt / 2/3 kop varm mælk

50 g / 2 oz / ¼ kop smeltet smør eller margarine

1 sammenpisket æg

450 g / 1 lb / 4 kopper almindeligt mel (all-purpose)

En smule salt

30 ml / 2 spsk ribs

2,5 ml / ½ tsk kanelpulver

5 ml / 1 tsk revet citronskal

mælk til glasering

Pisk gæren med 2,5 ml / ½ tsk sukker og lidt af den varme mælk og lad den stå et lunt sted i ca. 20 minutter, indtil den er skummende. Bland den resterende mælk med smør eller margarine og lad det køle lidt af. Bland ægget. Kom de resterende ingredienser i en skål og lav en brønd i midten. Tilsæt mælk og gærblandinger og pisk til en jævn masse. Ælt indtil elastisk og ikke længere klistret. Kom i en oliesmurt skål og dæk med olieret plastfolie (plastfolie). Lad stå et lunt sted i ca. 1 time, indtil den er fordoblet i størrelse.

Del dejen i tre og rul den i strimler. Fugt den ene ende af hver strimmel og forsegl enderne, flet dem derefter, våd og fastgør de andre ender. Læg på en olieret bageplade, dæk med olieret plastfolie og lad den stå et lunt sted i 15 minutter.

Pensl med lidt mælk og bag i en forvarmet ovn ved 220 °C / 425 °F / gas 7 i 15-20 minutter, indtil den er gyldenbrun og lyder hul, når du banker på bunden.

# *Mælkebrød*

Giver to 450 g / 1 lb brød

15 g / ½ oz frisk gær eller 20 ml / 4 tsk tørgær

5 ml / 1 tsk rørsukker (superfint)

450 ml / ¾ pt / 2 kopper varm mælk

50 g / 2 oz / ¼ kop smør eller margarine

675 g / 1½ lb / 6 kopper almindeligt mel (all-purpose)

En smule salt

mælk til glasering

Pisk gæren sammen med sukkeret og lidt varm mælk. Lad stå et lunt sted i cirka 20 minutter, indtil der dannes skum. Dryp smør eller margarine i mel og salt og lav en fordybning i midten. Rør den resterende varme mælk og gærblanding i og ælt indtil du har en blød, men ikke klistret dej. Kom i en oliesmurt skål og dæk med olieret plastfolie (plastfolie). Lad stå et lunt sted i ca. 1 time, indtil den er fordoblet i størrelse.

Ælt let og del blandingen mellem to smurte 450 g/1 lb brødforme, dæk med oliebehandlet plastfolie og lad hæve i ca. 15 minutter, indtil dejen er lige over toppen af panderne.

Pensl med lidt mælk og bag i en forvarmet ovn ved 200 °C / 400 °F / gas 6 i 30 minutter, indtil den er gyldenbrun og lyder hul, når du banker på bunden.

# Mælkefrugtbrød

Giver to 450 g / 1 lb brød

15 g / ½ oz frisk gær eller 20 ml / 4 tsk tørgær

5 ml / 1 tsk rørsukker (superfint)

450 ml / ¾ pt / 2 kopper varm mælk

50 g / 2 oz / ¼ kop smør eller margarine

675 g / 1½ lb / 6 kopper almindeligt mel (all-purpose)

En smule salt

100 g / 4 oz / 2/3 kop rosiner

mælk til glasering

Pisk gæren sammen med sukkeret og lidt varm mælk. Lad stå et lunt sted i cirka 20 minutter, indtil der dannes skum. Hæld smør eller margarine i mel og salt, tilsæt rosinerne og lav en fordybning i midten. Rør den resterende varme mælk og gærblanding i og ælt indtil du har en blød, men ikke klistret dej. Kom i en oliesmurt skål og dæk med olieret plastfolie (plastfolie). Lad stå et lunt sted i ca. 1 time, indtil den er fordoblet i størrelse.

Ælt let og del blandingen mellem to smurte 450 g/1 lb brødforme, dæk med oliebehandlet plastfolie og lad hæve i ca. 15 minutter, indtil dejen er lige over toppen af panderne.

Pensl med lidt mælk og bag i en forvarmet ovn ved 200 °C / 400 °F / gas 6 i 30 minutter, indtil den er gyldenbrun og lyder hul, når du banker på bunden.

## *morgenfrue brød*

Giver to 450 g / 1 lb brød

100 g / 4 oz / 1 kop fuldkornshvede

15 ml / 1 spsk maltekstrakt

450 ml / ¾ pt / 2 kopper varmt vand

25 g / 1 oz frisk gær eller 40 ml / 2½ spsk tørgær

30 ml / 2 spsk klar honning

25 g / 1 oz / 2 spsk vegetabilsk shortening (afkortning)

675 g / 1½ lb / 6 kopper fuldkornshvedemel (fuld hvede)

25 g / 1 oz / ¼ kop pulveriseret mælk (skummetmælkspulver)

5 ml / 1 tsk salt

Læg hele hvedekorn og maltekstrakt i blød i varmt vand natten over.

Pisk gæren med lidt mere varmt vand og 5 ml / 1 tsk honning. Lad stå et lunt sted i ca. 20 minutter, indtil det skum. Gnid fedtet ind i mel, mælkepulver og salt og lav en fordybning i midten. Tilsæt gærblanding, resterende honning og hvedeblanding og bland indtil dejen er dannet. Ælt godt, indtil det er glat og ikke længere klistret. Læg i en oliesmurt skål, dæk med olieret plastfolie (plastfolie) og lad stå et lunt sted i ca. 1 time, indtil den er dobbelt så stor.

Ælt dejen igen, og form derefter to smurte 450 g/1 lb brødforme (forme). Dæk til med olieret plastfolie og lad stå et lunt sted i 40 minutter, indtil dejen er lige over toppen af formene.

Bages i en forvarmet ovn ved 200°C / 425°F / gasmærke 7 i ca. 25 minutter, indtil den er hævet godt og lyder hul, når du banker på bunden.

## *muffinsbrød*

Giver to 900 g / 2 lb brød

300 g / 10 oz / 2½ kopper fuldkornshvedemel (fuld hvede)

300 g / 10 oz / 2½ kopper almindeligt mel (all-purpose)

40ml / 2½ spsk tørgær

15 ml / 1 spsk strøsukker (superfint)

10 ml / 2 tsk salt

500 ml / 17 fl oz / 2¼ kopper varm mælk

2,5 ml / ½ tsk natron (bagepulver)

15 ml / 1 spsk varmt vand

Bland melene. Mål 350 g / 12 oz / 3 kopper af det blandede mel i en skål og bland gær, sukker og salt sammen. Tilsæt mælken og pisk indtil du får en stiv blanding. Bland natron og vand og bland i dejen med resten af melet. Fordel blandingen mellem to smurte 900 g/2 lb brødforme (mudderforme), dæk til og lad hæve i ca. 1 time, indtil den er fordoblet i størrelse.

Bages i en forvarmet ovn ved 190°C / 375°F / gasmærke 5 i 1¼ time, indtil de er gennemhævet og gyldenbrune.

## brød uden hævning

Giver et brød på 900 g / 2 lb

450 g / 1 lb / 4 kopper fuldkornshvedemel (fuld hvede)

175 g / 6 oz / 1½ kop selvhævende mel

5 ml / 1 tsk salt

30 ml / 2 spsk strøsukker (superfint)

450 ml / ¾ pt / 2 kopper mælk

20 ml / 4 tsk eddike

30 ml / 2 spsk olie

5 ml / 1 tsk natron (bagepulver)

Bland mel, salt og sukker og lav en brønd i midten. Pisk mælk, eddike, olie og natron sammen, hæld i de tørre ingredienser og pisk, til det er glat. Form til en smurt 900 g / 2 lb brødform (bradepande) og bag i en forvarmet ovn ved 180 °C / 350 °F / gasmærke 4 i 1 time, indtil den er gyldenbrun og lyder hul, når du banker på bunden.

# *pizzadej*

Serverer to 23 cm / 9 pizzaer

15 g / ½ oz frisk gær eller 20 ml / 4 tsk tørgær

En knivspids sukker

250 ml / 8 fl oz / 1 kop varmt vand

350 g / 12 oz / 3 kopper almindeligt mel (all-purpose)

En smule salt

30 ml / 2 spsk olivenolie

Pisk gæren sammen med sukkeret og lidt varmt vand og lad det stå et lunt sted i 20 minutter, indtil der dannes skum. Bland melet med salt og olie og ælt til det er glat og ikke længere klistret. Læg i en oliesmurt skål, dæk med olieret plastfolie (plastfolie) og lad stå et lunt sted i 1 time, indtil den er dobbelt så stor. Ælt igen og form efter behov.

# *havrekolbe*

Giver et brød på 450 g / 1 lb

25 g / 1 oz frisk gær eller 40 ml / 2½ spsk tørgær

5 ml / 1 tsk rørsukker (superfint)

150 ml / ¼ pt / 2/3 kop varm mælk

150 ml / ¼ pt / 2/3 kop varmt vand

400 g / 14 oz / 3½ kopper almindeligt stærkt mel (brød)

5 ml / 1 tsk salt

25 g / 1 oz / 2 spsk smør eller margarine

100 g / 4 oz / 1 kop medium havre

Pisk gær og sukker med mælk og vand og lad det stå et lunt sted, indtil der dannes skum. Bland mel og salt, tilsæt smør eller margarine og tilsæt havre. Lav et hul i midten, hæld gærblandingen i og bland indtil du får en blød dej. Vend ud på en meldrysset overflade og ælt i 10 minutter, indtil den er glat og elastisk. Kom i en oliesmurt skål, dæk med olieret plastfolie (plastfolie) og lad hæve i ca. 1 time, indtil den er dobbelt så stor.

Ælt dejen igen og form den til et brød efter eget valg. Læg dem på en smurt bageplade, pensl med lidt vand, dæk med olieret plastfolie og lad det stå et lunt sted i cirka 40 minutter, indtil det er dobbelt så stort.

Bages i en forvarmet ovn ved 230°C / 450°F / gasmærke 8 i 25 minutter, indtil de er gennemhævet og gyldenbrune og hule, når der bankes på bunden.

# *havreklid*

gør 4

25 g / 1 oz frisk gær eller 40 ml / 2½ spsk tørgær

5 ml / 1 tsk honning

300 ml / ½ pt / 1¼ kopper varmt vand

450 g / 1 lb / 4 kopper almindeligt stærkt mel (brød)

50 g / 2 oz / ½ kop medium havre

2,5 ml / ½ tsk bagepulver

En smule salt

25 g / 1 oz / 2 spsk smør eller margarine

Pisk gæren med honningen og lidt varmt vand og lad det stå et lunt sted i 20 minutter, indtil der dannes skum.

Bland mel, havre, bagepulver og salt og fordel i smør eller margarine. Tilsæt gærblandingen og det resterende varme vand og bland indtil du har en mellemblød dej. Ælt indtil elastisk og ikke længere klistret. Læg i en oliesmurt skål, dæk med olieret plastfolie (plastfolie) og lad stå et lunt sted i ca. 1 time, indtil den er dobbelt så stor.

Ælt let igen og form til en rund ca. 3 cm / 1¼ tyk. Skær i kvarte og læg, lidt fra hinanden, men stadig i den originale runde form, på en smurt (kiks) bageplade. Dæk med oliebehandlet plastfolie og lad hæve i ca. 30 minutter til dobbelt størrelse.

Bag i en forvarmet ovn ved 200°C/400°F/gasmærke 6 i 30 minutter, indtil den er gyldenbrun og lyder hul, når der bankes på bunden.

# *rugbrød*

gør 6

15 g / ½ oz frisk gær eller 20 ml / 4 tsk tørgær

5 ml / 1 tsk rørsukker (superfint)

300 ml / ½ pt / 1¼ kopper varmt vand

450 g / 1 lb / 4 kopper almindeligt stærkt mel (brød)

5 ml / 1 tsk salt

Pisk gær, sukker og lidt varmt vand sammen og lad det stå et lunt sted i 20 minutter, indtil det er skummende. Bland gærblandingen og resten af det varme vand med mel og salt og bland til du har en fast dej. Ælt indtil glat og elastisk. Læg i en oliesmurt skål, dæk med olieret plastfolie (plastfolie) og lad stå et lunt sted i ca. 1 time, indtil den er dobbelt så stor.

Ælt igen og del i seks stykker. Rul til ovaler ca. 5 mm / ¼ tykke og læg dem på en smurt (kiks) bageplade. Dæk med oliebehandlet plastfolie og lad hæve i 40 minutter til dobbelt størrelse.

Bages i en forvarmet ovn ved 230°C/450°F/gasmærke 8 i 10 minutter, indtil de er let brunede.

# *hurtigt fuldkornsbrød*

Giver to 450 g / 1 lb brød

15 g / ½ oz frisk gær eller 20 ml / 4 tsk tørgær

300 ml / ½ pt / 1¼ kopper varm mælk og vand blandet

15 ml / 1 spiseskefuld sort melasse (melasse)

225 g / 8 oz / 2 kopper fuldkornshvedemel (fuld hvede)

225 g / 8 oz / 2 kopper almindeligt mel (all-purpose)

10 ml / 2 tsk salt

25 g / 1 oz / 2 spsk smør eller margarine

15 ml / 1 spiseskefuld knust hvede

Pisk gæren med lidt varm mælk og vand og melassen og lad den stå et lunt sted, indtil den er skummende. Bland mel og salt og dyp i smør eller margarine. Lav et hul i midten og hæld gærblandingen i, pisk indtil du får en fast dej. Overfør til en meldrysset overflade og ælt i 10 minutter, indtil den er glat og elastisk, eller forarbejd i en foodprocessor. Form til to brød og læg dem i smurte og forede 450 g/1 lb brød. Pensl toppe med vand og drys med revnet hvede. Dæk til med olieret plastfolie (plastfolie) og lad det stå et lunt sted i ca. 1 time, indtil det er dobbelt så stort.

Bages i en forvarmet ovn ved 240°C / 475°F / gasmærke 8 i 40 minutter, indtil brødene lyder hule, når de bankes på bunden.

# Vådt risbrød

Giver et brød på 900 g / 2 lb

75 g / 3 oz / 1/3 kop langkornet ris

15 g / ½ oz frisk gær eller 20 ml / 4 tsk tørgær

En knivspids sukker

250 ml / 8 fl oz / 1 kop varmt vand

550 g / 1¼ lb / 5 kopper almindeligt stærkt mel (brød)

2,5 ml / ½ tsk salt

Mål risene i en kop og hæld dem i en gryde. Tilsæt tre gange mængden af koldt vand, bring det i kog, læg låg på og kog i ca. 20 minutter, indtil vandet er absorberet. Pisk imens gæren sammen med sukkeret og lidt varmt vand og lad det stå et lunt sted i 20 minutter, indtil der dannes skum.

Kom mel og salt i en skål og lav et hul i midten. Tilsæt gærblandingen og varme ris og pisk indtil du får en blød dej. Læg i en oliesmurt skål, dæk med olieret plastfolie (plastfolie) og lad stå et lunt sted i ca. 1 time, indtil den er dobbelt så stor.

Ælt let, tilsæt lidt mere mel, hvis dejen er for blød til at arbejde med, og form til en smurt 900 g/2 lb brødform (bradepande). Dæk med oliesmurt plastfolie og lad stå et lunt sted i 30 minutter, indtil dejen hæver op over grydens overflade.

Bag i en forvarmet ovn ved 230°C/450°F/gasmærke 8 i 10 minutter, reducer derefter ovntemperaturen til 200°C/400°F/gasmærke 6 og bag i yderligere 25 minutter, indtil brun gylden og hul - hørbar når der bankes på basen.

www.ingramcontent.com/pod-product-compliance
Lightning Source LLC
Chambersburg PA
CBHW071235080526

44587CB00013BA/1618